초등1~2학년 교과서 잡는
엄마표 독서 놀이

소중한 책으로 남기고 싶은 아이디어나 원고가 있으신 분은 도서출판 책읽는달(이메일 : bestlife114@hanmail.net)로 보내주세요.

초등1~2학년 교과서 잡는
엄마표 독서 놀이

초판 1쇄 인쇄일 2012년 12월 17일
초판 1쇄 발행일 2012년 12월 21일

지은이 | 황연희
펴낸이 | 문미화
펴낸곳 | 책읽는달

출판등록번호 제2010-000161호

주   소 | 서울 영등포구 양평동5가 39번지
            우림라이온스밸리 1차 A동 1408호
대표전화 | 02)2638-7567
팩   스 | 02)2638-7571

ⓒ 황연희, 2012

ISBN 978-89-965462-8-3 03020

초등1~2학년 교과서 잡는
엄마표 독서 놀이

/ 차례 /

머리말 아이 마음에 귀 기울이는 엄마표 독서 활동

1부

우리 아이 책 세상 활짝 열어주기

독서 활동으로 풍성해지는 우리 아이 독서 세상 · 012

아이 성향 따라 골라 하는 독서 활동 · 015

독서의 기본이 되는 단계별 읽기의 기술 · 022

책 읽고 나서 무엇을 할까? · 029

생각과 느낌을 표현하는 차근차근 글쓰기 · 034

엄마표 독서 활동 만들기 · 039

책과 친구 되는 습관 들이기 · 044

2부

문학의 즐거움

통쾌하고 신나는 옛이야기 속으로~ · 052
옛이야기 · 『재치가 배꼽 잡는 이야기』

주인공의 마음에 공감하며 생각의 창을 넓힌다 · 061
우리나라 창작 동화 · 『쥐똥 선물』

책 날개를 달고 상상의 세계로 훨훨 날아보자 · 072
다른 나라 창작 동화 · 『공룡 도시락』

아이의 감성을 깨우는 동시 읽기 · 081
동시 · 『난다 난다 신난다』

우리네 정서와 흥을 읽고 공감하기 · 091
우리나라 그림책 · 『손 큰 할머니의 만두 만들기』

아름다운 그림책에 담긴 겸허하게 소망하는 법 · 100
다른 나라 그림책 · 『부엉이와 보름달』

3부
비문학의
흥미진진함

이야기 속에 숨어 있는 수학의 원리를 찾아보자 · 110
수학 · 『수학 도깨비』

쉬운 글과 섬세한 세밀화, 지렁이를 말하다 · 118
과학 · 『지렁이가 흙똥을 누었어』

재미있는 이야기로 스르르 깨닫는 환경의 소중함 · 127
환경 · 『재활용 아저씨 고마워요』

그림으로 아이의 마음과 상상력을 키우자 · 135
미술 · 『샤갈』

민족의 힘찬 기상이 담긴 고구려로 시간 여행을 떠나다 · 143
역사 · 인물 · 『고구려를 세운 영웅 주몽』

할머니랑 쑥 뜯고 요리하고 내다 팔고, 재미있네! · 152
사회 · 문화 · 『할머니, 어디 가요? 쑥 뜯으러 간다!』

4부
주제에 따른
책 읽기

학교생활이 즐거워지는 이야기 · 162
학교생활 · 『슈퍼스타 우주 입학식』

아이, 자아 찾기 여정을 시작하다 · 170
가족의 소중함 · 『나, 이사 갈 거야』

읽고 공감하며 따뜻한 마음을 품는다 · 178
따뜻한 마음 갖기 · 『또야 너구리가 기운 바지를 입었어요』

아이의 삶에 힘이 되는 자아 존중감 · 186
자아 존중감 찾기 · 『진짜 별이 아닌 별이 나오는 진짜 이야기』

아이들은 친구와 놀면서 사회를 배운다 · 194
친구 사이의 우정 · 『훈이 석이』

장애의 벽을 허물고 함께 어울려 살자 · 200
장애 받아들이기 · 『어떤 느낌일까?』

피부색이 달라도 모든 아이들은 친구다 · 207
다문화 이해하기 · 『내 이름이 담긴 병』

누구나 겁내면서 한 걸음씩 인생을 향해 나아간다 · 214
두려움 극복하기 · 『어른이 되면 괜찮을까요?』

진정한 용기와 신뢰를 배우다 · 221
인성 교육 · 『야쿠바와 사자 1, 2(용기, 신뢰)』

5부
책을 만나자

어떻게 책을 고를까? · 230

초등학교 1, 2학년 독서 활동에 활용하기 좋은 책 · 235

아이 마음에 귀 기울이는
엄마표 독서 활동

"그러면 이 책은 어떤 내용이지?"

어머니는 엘리너 파전의 『보리와 임금님』을 꺼내들었다. 어머니는 집에 있는 동화책을 다 읽었다고 주장하는 초등학교 2학년 허풍쟁이, 나를 시험하는 중이었다. 나란히 꽂힌 동화 전집 중에 하필 그 책이라니……. 『십오 소년 표류기』, 『소공자』, 『그리스 로마 신화』 등 읽은 책이 훨씬 더 많기는 했다. 하지만 『보리와 임금님』은 아직 내가 읽지 않은 책이었다. 어떡할까 고민하다가 나는 이야기를 지어내기로 했다.

"보리는 곡식 같지만, 사람 이름이야. 보리라는 여자애가 임금님을 찾아가는 얘기인데……."

엉터리 이야기가 술술 잘도 나왔다. 어머니는 가만히 귀 기울여 들었다. 나는 더 흥미진진한 이야기를 만들어내기 위해 상상력을 총동원했다. 멋대로 이야기를 만들어내는 아이가 신기했는지, 어머니는 갸웃거리면서도 끝까지 들어 주었다.

　책을 두고 어머니와 이야기를 나눈 첫 기억은 지금도 마음 깊이 즐거움으로 남았다. 나는 그 후로 오랫동안 동화책을 좋아하며 살았다.

　이것은 내가 어렸을 적 어머니와 함께 했던 독서 활동이다. 독서 활동은 책을 매개로 다양한 활동을 하는 것이다. 읽고 대화를 나누고 생각하고 놀이하고 쓰는 다양한 활동을 통해 아이의 호기심과 감성을 자극하고 상상력과 표현력을 길러준다. 이러한 독서 활동을 가장 잘 이끌어줄 수 있는 사람은 바로 엄마이다. 엄마는 그 누구보다 진심으로 아이의 마음에 귀 기울일 수 있다. 독서 활동에서 가장 중요한 것은 엄마가 아이의 마음과 생각을 들어주는 것이다.

　엄마가 가만히 아이의 말에 귀 기울이는 순간, 아이는 조심스레 생각의 가지를 뻗어나간다. 책이 열어준 지혜와 상상력의 바다에서 헤엄치기 시작한다. 엄마가 아이의 말을 차분히 듣고 아이의 마음과 생각을 읽어주면 아이는 말하는 기쁨을 느끼고 자신을 표현하는 데 자신감을 갖게 된다. 더 많은 생각을 하고 상상의 나래를 펼치며 직접 이야기를 만들어낸다. 그러면서 창의력과 상상력, 표현력 등 다양한 능력을 키우게 된다.

　엄마는 늘 아이를 곁에서 보살피기 때문에 아이의 성향과 흥미를 정확하게 파악할 수 있다. 아이가 어떤 성격이나 행동적 특성을 지니고 있으며 무엇을 좋아하는지, 어떤 것에 재능이 있고 어떤 활동이 잘 맞는지를 판단할 수 있는 것이다. 때문에 아이의 마음과 생각을 보듬어주면서 아이가 재미있어 할 만한 활동을 진행해나갈 수 있다.

　그런데 때로 우리는 잘못된 믿음 때문에 독서 활동을 주저한다.

"나는 독서 지도사가 아니잖아."

"그럴 시간이 어디 있어?"

"엄마 말을 아이가 듣겠어?"

"우리 아이는 혼자서도 잘 읽고 쓰던데?"

모두 일리 있는 말이지만, 다시 생각해보자. 전문 독서 지도사가 아니라도 누구나 책을 감상할 수 있다. 아이 수준에 맞는 책을 읽고 이야기를 나누는 일에는 자격증보다 함께 즐거움을 누리고 싶은 열망이 더 필요하다. 엄마는 아이의 독서 능력 발달에 가장 관심이 많은 사람이다.

살림하랴 아이들 보살피랴 바쁜데 독서 활동까지 계획하고 실천하자면 부담스러울 수 있다. 하지만 독서 활동에는 생각보다 많은 시간이 들지 않는다. 바쁘겠지만 짧게라도 엄마와 아이만의 시간을 만들어보자. 짧은 시간이라도 집중해서 활동하면 엄마도 아이도 충분히 만족스러운 경험을 할 수 있다. 또 바쁜 일을 잠시 멈추고 아이와 시간을 보내면서 무엇이 소중한지 깨닫게 될 것이다.

아이가 엄마 말을 잘 들을지 의문이라면 독서 활동을 할 때 평소보다 목소리 크기를 줄여서 들릴 듯 말 듯 말해보자. 아이는 귀를 쫑긋 세우고 엄마 말을 열심히 들을 것이다. 언제나 쩌렁쩌렁하게 들리던 엄마 목소리와 달라 의아하게 여기면서. 아이가 엄마 말을 잘 듣지 않는다는 생각과 달리 실제로 아이들은 늘 엄마 말에 귀를 기울이고 있다.

아이가 책도 곧잘 읽고 표현도 잘하는 편이라면 굳이 엄마가 나서서 독서 활동을 할 필요가 있을까 하는 생각이 들기도 한다. 독서 활동을 통해 마음과 생각을 이끌어내지 않아도 좋을 듯 보인다. 그런데 독서 활동은 단순한 책 읽기,

말하기, 쓰기 활동이 아니다. 다양한 소재, 흥미로운 방식으로 호기심을 충족하고 경험하고 느끼는 탐구 활동이다. 아이의 새로운 가능성을 발견해나가는 입체적인 활동이다.

이 책에는 그동안 진행했던 독서 수업 경험을 바탕으로 가정에서 엄마가 아이와 함께 독서 활동을 할 때 필요한 내용을 간추려 모았다. 아이의 성향에 따라 어떤 활동이 맞는지, 어떻게 계획을 세워 활동하면 좋은지, 갓 학교생활을 시작하는 초등학교 저학년 아이들이 읽으면 좋은 책과 그에 맞는 독후 활동을 소개했다.

1부에는 독서 활동의 바탕이 되는 글을 담았으므로 편안하게 읽으며 독서 활동을 계획해보자. 2부, 3부, 4부에는 독서 활동에 직접 활용할 만한 내용과 놀이법을 모아놓았다. 가벼운 마음으로 아이에게 맞는 활동을 골라 해보자. 활동을 하나씩 해나가다 보면 아이의 흥미와 집중도에 맞는 새로운 활동을 만들어나갈 수 있다. 또 제시된 책 내용이나 활동을 교과 학습지도에 활용할 수도 있다.

책과 아이, 엄마의 특별한 만남이 어떤 놀라운 일을 이뤄낼지 사뭇 기대된다. 독서 활동을 하며 만났던 아이들의 우주에는 소박하지만 신선한 감동과 즐거움이 가득했다. 이 책을 통해 엄마와 함께 독서 활동을 하게 되는 아이들도 행복한 시간을 보낸다면 진심으로 기쁠 것이다.

초등학교 입학 기념으로 동화책을 선물하시고 꾸며낸 이야기도 차분하게 들어주신 어머니, 늘 격려하고 도와주는 남편과 책 선정을 도와준 유혜진 작가, 이 책이 세상에 나오도록 애써준 책읽는달 출판사에 감사드린다.

1부

우리 아이
책 세상
활짝 열어주기

독서 활동으로 풍성해지는 우리 아이 독서 세상
아이 성향 따라 골라 하는 독서 활동
독서의 기본이 되는 단계별 읽기의 기술
책 읽고 나서 무엇을 할까?
생각과 느낌을 표현하는 차근차근 글쓰기
엄마표 독서 활동 만들기
책과 친구 되는 습관 들이기

독서 활동으로 풍성해지는
우리 아이 독서 세상

엄마는 가장 좋은 독서 활동 친구

초등학교에 입학하면 아이들의 책 읽기 수준이 높아진다. 그간 그림책을 보며 읽기를 준비하던 아이가 글자를 익히고 단어를 습득한다. 점차 책을 스스로 읽고, 글자 중심으로 읽으며 어휘를 늘려간다. 바로 이때 독서의 기초를 다지게 된다. 아이는 또한 학교라는 새로운 환경과 사고력이 필요한 교과 학습을 처음 접한다. 아이는 독서를 통해 학습에 흥미를 갖고 바람직한 학습 태도와 습관을 갖게 된다.

그렇다면 어떻게 독서 지도를 할까? 교육을 담당하는 엄마는 늘 고민이다. 단순히 글자를 가르치고 문장의 뜻을 알려주는 것만으로 독서 지도라고 할 수는 없을 것이다. 독서는 책과 대화를 나누는 것이다. 읽는 이는 책과의 대화를 통해 자신만의 독서 세상을 만든다. 어떤 대화를 나누느냐에 따라 같은 책을 읽어도 독서 세상이 달라진다. 그런 의미에서 독서 지도는 아이가 책과 대화를 나누며 자신만의 독서 세상을 풍성하게 만들어나가도록 돕는 것이다.

엄마는 가까이에서 아이를 이끌어줄 수 있다. 아이의 말에 귀 기울이며 아이의 마음과 생각을 읽어줄 수 있으며, 아이의 수준과 흥미를 가장 잘 파악할 수 있다. 때문에 그 누구보다 독서 지도를 잘할 수 있다. 책을 읽기만 하는 것이 아니라 다양한 활동을 통해 아이의 호기심을 자극하고 상상력과 표현력을 길러주자.

이 책에서는 책을 매개로 엄마와 아이와 함께할 수 있는 다양한 활동을 '독서 활동'이라 지칭했다. 수업의 형태이긴 하지만 엄마와 아이가 가르치고 배우는 관계를 벗어나 함께 주도하며 경험해나갈 수 있기 때문이다. 읽기, 대화 나누기, 생각하기, 놀이, 쓰기 등이 모두 독서 활동에 포함된다. 이 모든 것이 아이에게는 책과 나누는 대화가 될 수 있다. 엄마가 아이와 함께 독서 활동을 미리 계획하고 꾸준하게 실천해보자.

엄마표 독서 활동의 장점을 살려라

엄마가 아이와 독서 활동을 하면 여러 가지 좋은 점이 있다.

첫째, 가족의 문화와 교육 철학에 알맞은 독서의 의미와 목적을 처음부터 잡아줄 수 있다. 엄마가 책 읽는 아이를 가까이에서 지켜보며 바른 방향으로 이끌어줄 수 있다.

둘째, 아이의 수준과 관심, 재능, 성향에 맞춰 깊이 있는 지도를 할 수 있다. 아이는 독서 활동을 통해 자신의 개성에 맞는 독서 방식과 사고력을 가지게 된다. 나아가 아이는 그룹 토론이나 대화에서 자신의 의견을 활기차게 펼칠 수 있다.

셋째, 독서 활동은 엄마와 아이가 생각과 삶을 나누는 대화 창구가 된다. 아이가 어릴 때는 대화를 나누는 것이 그다지 어렵지 않다. 그런데 아이가 자라면서 어느 시점에서 어떻게 대화를 나눌지 고민스러워진다. 특히 사춘기가 되면 고민은 극에 달한다. 하지만 어릴 때부터 책을 통해 자유롭게 이야기를 하다 보면 자란 후에도 영화나 책을 통해 자연스럽게 서로의 생각을 나눌 수 있다.

독서 활동은 아이뿐만 아니라 엄마에게도 즐겁고 의미 있는 경험이 된다. 어린이 책으로 활동을 하지만 그 안에도 삶과 예술, 소중한 가치와 감동이 녹아 있다. 마음을 열고 감상하면 아이의 세계를 알게 될 뿐만 아니라 인간에 대한 이해와 자신에 대한 성찰까지도 이끌어낼 수 있다. 또한 활동을 진행하며 엄마 자신의 가능성에 대해 다시금 깨닫게 되고, 아이의 생각이 자라는 모습을 발견하며 감동과 즐거움을 느끼게 된다.

아이 성향 따라 골라 하는
독서 활동

아이의 성향을 알면 독서가 더 재밌다

독서 활동을 할 때는 아이의 성향에 주목하자. 아이들은 느끼고 이해하고 사고를 확장하는 방법이 각각 다르다. 타고난 성향과 기질, 발달 상황에 따른 차이가 있기 때문이다. 같은 독서 활동을 하더라도 더 즐기는 아이와 덜 즐기는 아이가 있기 마련이며 독서 활동의 효과도 다르다.

독서 지도 전문가가 아닌 엄마가 아이를 지도할 때, 이 점은 상당히 어려운 문제다. 다른 아이에게 효과적이라는 활동을 내 아이에게 적용했을 때 기대와 다른 결과가 나올 수 있기 때문이다. 그렇다고 실망할 필요는 없다. 아이의 성향에 맞는 활동을 골라서 하면 된다. 조용히 생각하기를 즐기는 아이는 책을 읽고 여운을 느끼며 깊은 대화를 나누는 것이, 바깥에서 뛰어노는 걸 좋아하는 아이는 자연으로 나가 체험하고 관찰하는 것이 더 효과적이다.

우리 아이의 성향을 알고 아이에게 맞는 활동을 설계하면 독서 활동의 효과가 배가된다. 스위스의 정신의학자이자 사상가인 칼융(Jung, Carl Gustav)은 인간에게 타고난 심리적 성향이 존재한다고 하였다. 이것은 인간 개개인의 성격을 만들어낸다. 이 성격유형이론을 바탕으로 성격유형검사 MBTI(The Myers-Briggs Type Indicator)가 개발되었다. 공식적인 MBTI 검사를 하면 개인의 성격유형을 알 수 있다.

검사를 거치지 않은 경우, 관찰을 통해 아이의 성향을 이해한다. 성격유형을 정확하게 판단할 수는 없더라도 적절한 독서 활동을 설계하는 데 도움이 된다. 아이의 성향에 맞는 활동은 아이에게 즐거움을 주고 부담을 덜어준다. 이에 따라 더 나은 교육 효과를 기대할 수 있다. 활동을 진행하는 엄마는 아이의 성격에 따른 반응을 이해하고, 교육 목적에 따라 적절하게 활동을 가감한다.

아이마다 꼭 맞는 독서 활동 방법이 있다. 꾸준한 독서 활동을 통해 아이에게 맞는 방법을 찾아보자. 엄마가 관찰과 경험을 통해 알아낸 아이만의 독서 활동 방법은 이후 학습 방법에도 적용할 수 있다. 보다 효율적이고 아이에게 맞는 학습 방법을 찾아낸다면 시행착오를 줄이면서 학업의 흥미를 높일 수 있다.

외향형 아이 VS 내향형 아이

흔히 외향적, 내향적으로 가르는 성향은 사람을 대하는 태도를 구분한 것이다. 외향적인 아이는 다른 사람을 향해 보다 적극적이며 에너지를 밖으로 표출한다. 자신의 생각을 표현할 줄 알며 여러 사람과 어울리기를 좋아한다. 내향적인 아이는 자기 자신을 향해 보다 적극적이며 에너지를 안으로 표출한다. 표현하기보다는 내면에 품고 있는 편이며 일대일 대화를 좋아한다.

같은 책을 읽어도 외향적인 아이와 내향적인 아이의 독후 활동 성향은 다르다. 외향적인 아이는 바깥 놀이를 하고 싶어 한다. 표현하기를 좋아해 대화나 토론에도 적극적이다. 마음껏 표현할 기회를 주고 여럿이 어울렸을 때 드러낼 만한 경험과 활동거리를 만들어주면 보다 흥미를 갖고 활동한다.

내향적인 아이는 소그룹 활동보다 엄마와 단둘이 하는 독서 활동을 더 좋아한다. 독서 활동을 할 때는 생각을 먼저 하고 말하기 때문에 엄마가 물으면 다소 늦게 대답할 수 있다. 이럴 때 자신을 표현하기 주저한다고 다그치거나 답답해하면 안 된다. 아이 스스로 생각하는 시간을 존중해야 한다. 그리고 아이가 편안하게 여기는 활동을 중심으로 진행한다.

감각형 아이 VS 직관형 아이

정보나 자료를 받아들이는 심리 기능은 두 가지 성향으로 나뉜다. 감각형과 직관형이다. 감각형 아이는 오감으로 정보를 수집한다. 즉, 보고 듣고 만지고 냄새 맡고 맛보며 있는 그대로 무언가를 받아들인다. 즐거움을 추구하고 아름다운 것을 좋아하며 구체적이고 사실적으로 표현한다. 이 유형의 아이에게는 자연이나 주변 관찰, 견학 등 오감 체험 활동이 잘 맞는다.

반면 직관형 아이는 보이지 않는 느낌과 영감으로 정보를 받아들인다. 존재가 어디로부터 와서 어디로 향하는지 궁금해한다. 독창적이고 새로운 아이디어를 잘 낸다. 숨겨진 의미를 찾아보고 이론적 지식이나 정보 탐색을 좋아한다.

판타지 이야기를 좋아하고 추상적인 표현을 잘한다. 이 유형의 아이는 특히 글과 그림의 제목 정하기 활동을 좋아한다.

사고형 아이 VS 감정형 아이

자신의 의사를 결정하는 심리 기능도 두 가지로 나눈다. 사고형과 감정형이다. 사고형은 원칙과 법에 따라 의사를 결정하며 분석적이고 객관적이다. 사건의 원인과 결과 분석하기, 추리하기, 논리적으로 비판하기, 토론하기 등의 활동이 잘 맞는다.

감정형 아이는 마음에 드는지 아닌지로 의사를 결정하기 때문에 좋은지 나쁜지가 가장 중요하다. 마음이 따뜻하고 배려심이 많다. 친절하고 따뜻한 분위기를 좋아한다. 대화나 토론할 때 주관적이지만 타인의 의견에 공감을 잘한다. 구체적인 글쓰기, 실감나는 묘사를 잘한다.

판단형 아이 VS 인식형 아이

마지막으로 계획의 수립과 실행에 관련된 심리 기능이 두 가지로 나뉜다. 판단형과 인식형이다. 판단형 아이는 우선 결정을 내려야 편하다. 목표를 정하고 계획대로 성취하기 위해 집중한다. 먼저 할 일을 한 후, 시간이 남으면 즐긴다. 판단형의 아이는 엄마와 아이가 함께 읽을 책 목록을 정하고 독서 활동을 계획하면 아이가 적절한 자극을 받게 되어 효과가 좋다. 결과가 중요하다고 여기므로 엄마가 항상 활동의 결과물을 확인하고 인정해준다.

인식형 아이는 선택권이 남아 있을 때 마음이 편하다. 목표는 바꿀 수 있다고 여긴다. 융통성이 있고 실험적인 일을 좋아하며 과정을 중요하게 여긴다. 이런 아이에게는 활동을 하면서 나름대로 과정을 즐길 수 있는 여유를 갖게 한다. 하지만 공부거리를 뒤로 미루는 경향이 있으므로 혼자서 계획대로 책을 읽게 하기보다 엄마가 옆에서 함께해주는 것이 좋다.

성격유형과 독후 활동

심리 기능	성격유형	좋아하는 독후 활동
사람에 대한 태도	외향형	대화 토론, 바깥 놀이, 표현 활동
	내향형	일대일 대화, 실내 놀이, 사고 활동
자료와 정보 수집	감각형	관찰, 견학, 체험, 꾸미기, 만들기
	직관형	숨겨진 의미 찾기, 지식 정보 탐색 추상적 표현, 글과 그림 제목 붙이기
의사 결정	사고형	원인과 결과 분석, 추리, 비판 토론
	감정형	대화 토론, 공감, 감정 이입, 구체적인 묘사와 글쓰기

성격유형, 어떻게 적용할까?

각 심리적 기능의 유형 여덟 가지는 각각 따로 조합되어 한 사람의 특유한 성격을 만든다. '외향, 감각, 사고, 인식' 혹은 '내향, 감각, 사고, 판단' 등 각 심리 기능에서 한 가지씩 따로따로 모여, 한 사람의 성격유형이 되는 것이다. 성격유형은 정확한 검사를 통해서만 확실히 알 수 있으므로 여기서는 단지 독서 활동에 참고 자료로만 활용한다.

아이를 세심하게 관찰하면 두드러지는 성향이 보인다. 독서 활동을 계획할 때 이러한 성향을 적절하게 반영한다. 그러나 관찰만으로 아이의 성향을 정확하게 파악할 수 없다. 따라서 아이의 성격을 섣불리 규정지으면 안 된다. 아직 어리기 때문에 본래 성격과 다른 성향이 나타날 수 있으며, 나타나는 성향도 뚜렷하지 않을 수 있다. 부모의 성격이나 상황에 따라 아이의 성격도 다르게 나타날 수도 있다.

엄마는 아이의 여러 가지 성향 가운데 좋은 점에 초점을 맞추고 활동한다. 엄마표 독서 활동의 가장 중요한 알맹이는 즐거움을 경험하는 것이다. 임의로 판단한 성격유형을 가지고 단점을 고치려고 애쓰면 아이는 스트레스를 받게 되고 독서 활동의 의미도 줄어든다. 성격유형에 따른 독후 활동 선호 경향은 아이를 이해하고 격려하는 도구로만 사용하고 언제나 다른 가능성을 열어둔다.

2부와 3부, 4부에서는 종류별 어린이 책과 함께 여러 가지 독후 활동을 소개한다. 독후 활동은 책 읽기를 심화할 수 있는 대화 열기, 화이트보드 활동, 실내 놀이, 바깥 놀이, 쓰기 활동 등이다. 이 모든 활동을 다 하기는 어렵다. 아이의 두드러지는 성향에 따라 적절한 활동을 선택해서 함께 해보자.

완벽함보다 꾸준함으로 아이와 함께하라

엄마는 독서 전문가가 아니기 때문에 나름대로 활동을 계획하고 진행했지만 완벽하지 못할 수도 있다. 아이는 도무지 말을 안 듣고, 준비한 활동은 매끄럽게 진행되지 않는다. 그러다 보면 공연히 기 싸움만 하다가 힘이 빠질 수도 있다. 그러나 포기하기에는 이르다.

활동을 이어가다 보면 아이뿐만 아니라 엄마 자신도 소통 방법을 배우게 된다. 보다 효과적인 대화 방식을 고민하고 바꿔나가게 된다. 이 또한 중요한 활동 목표이다. 적극적으로 실패를 활용하면 애초 계획에는 없던 귀한 교훈을 얻을 수도 있다.

아이의 독서 습관을 잡아주기 위해 꾸준히 책을 읽고 생각을 나누는 일이 중요하다. 서로 조금 서투르고 진행이 삐걱거리더라도 계속 도전해보자. 아이와 함께 일정한 기간을 정하고, 그 기간 동안은 활동 약속을 꼭 지키도록 하자. 아이에게 독서에 대한 긍정적인 믿음을 심어주기 위하여 무엇보다 중요한 것은 끈기이다. 완벽하게 하기보다 꾸준하게 활동해야 아이도 독서를 즐기게 된다.

독서의 기본이 되는
단계별 읽기의 기술

1단계. 차분하게 읽어주기

독서 활동 시간에 책을 읽어줄 때는 구연동화를 할 때처럼 과장된 몸짓이나 표정을 꾸며내지 않도록 한다. 안정되고 부드러운 목소리로 정확하게 발음하며 말하듯 차분하게 읽는다.

어린이 책의 글에는 문장의 호흡에 분위기와 느낌이 표현되어 있다. 단어와 단어 사이, 문장과 문장 사이의 리듬에 작가의 의도가 들어 있다. 엄마가 지나치게 꾸며서 읽어주면 아이는 글 자체에 깃든 특유의 표현 방식을 놓칠 수 있다.

엄마는 충실한 전달자이자 아이와 같은 마음을 가진 감상자로서 책을 읽는다. 그림책을 읽을 때에는 책장을 넘기기 전에 그림을 감상하는 시간을 주고, 한 작품을 다 읽은 후에는 여운을 즐길 수 있도록 조용한 시간을 잠깐 갖는다.

아이가 자꾸 읽는 중간에 끼어든다든지 질문을 지나치게 자주 하면 분위기가 흐트러질 수 있다. 작품을 읽는 동안에는 조용히 감상하기로 미리 약속해둔다. 마음으로 책과 대화를 나누는 시간이라고 알려준다.

책의 특성상 이야기를 주고받아야 읽는 맛이 나는 경우도 있다. 그러므로 먼저 읽을 책의 특성을 파악해서 아이와 읽을 때 어떤 분위기를 조성할지 생각해둔다.

2단계. 소리 내어 읽기

아이가 처음 글자를 익히면 스스로 소리를 내어 글을 읽기 시작한다. 스스로 읽는 소리를 자신의 귀로 들으며 의미를 연결시키고 비로소 글자가 무엇을 뜻하는지 이해하게 된다. 무슨 뜻인지 알게 되면서 즐거움과 자부심을 느끼며 독서에 더욱 흥미를 갖게 된다. 엄마는 아이의 글 읽는 소리를 듣고 아이가 글자를 제대로 알고 있는지, 발음을 정확하게 내는지 알 수 있다.

소리 내어 읽으면 노래를 할 때처럼 기분이 좋아지는 만큼 독서 활동에 적극 활용한다. 책의 특성에 따라 아이가 엄마에게 읽어주게 하거나 엄마와 아이가 주거니 받거니 읽을 수도 있다.

등장인물이나 대화의 특성에 맞춰 목소리를 바꿔 읽게 하거나 아이의 목소리를 녹음하여 다시 들려줄 수도 있다. 또 읽는 중간에 음악을 넣어 녹음하여 '아이가 들려주는 라디오 동화'를 만들어본다. 할머니, 할아버지께 선물하도록 할 수도 있다.

3단계. 눈으로 읽기

글자를 완전히 익히고 나면 소리 내어 읽기의 다음 단계로 넘어간다. 이제부터는 눈으로 글을 읽게 한다. 아이는 더 이상 글을 글자로 인식하지 않고 문장과 의미로 인식한다. 의미를 파악하여 생각하며 읽을 수 있다. 이로써 아이는 더욱 풍부한 독서의 세계를 향유하게 된다.

처음에는 글자 아래에 손가락을 대고 눈동자로 따라가며 읽게 한다. 그러면 내용을 건너뛰지 않고 읽을 수 있으며, 점차 글자들을 빨리 인식할 수 있게 된다. 눈으로 읽는 속도는 빠르다. 한 글자 한 글자가 아니라 한 번에 눈에 들어오는 글자들을 덩어리째 보기 때문이다.

엄마는 아이가 너무 빨리 읽으니 가끔 제대로 읽고 있는지 의심이 들기도 한다. 집중하지 않고 건성으로 책장을 넘기는 듯 보인다. 독서는 아이의 머릿속에서 일어나는 일이기 때문에 확인할 수는 없다. 꾸준히 읽다 보면 눈으로 읽는 속도가 어느 순간 급속도로 빨라져서 그렇게 보일 수도 있다. 그런가 하면 실제로 대충 훑어보고 마는 경우도 있다. 이때는 아이가 이미 읽은 책 중에 좋아하는 책을 읽도록 해 꼼꼼하게 읽는 재미를 일깨워준다.

4단계. 꼼꼼히 읽기

빨리 읽는 연습을 하는 이유는 책을 보다 풍성하게 즐기기 위해서다. 책을 빨리 읽을 수 있게 된 아이는 스스로 뿌듯함을 느껴 점차 두꺼운 책에 도전하려 한다. 두꺼운 책에 도전하는 것도 좋지만 이때부터는 꼼꼼하게 읽는 습관을 들여야 한다.

꼼꼼하게 읽기는 책장을 넘기지 않고 머뭇거리는 경험을 하는 것이다. 모든 책장을 쉽게 휙휙 넘긴다면 그 책을 진정으로 즐겼다고 말할 수 있을까. 서투르고 무성의하게 책을 훑은 것일 뿐이다. 책을 읽다 보면 이해되지 않는 부분, 뭔가 마음에 걸리는 부분, 이유를 몰라 어딘가 생각이 간질간질한 부분이 있기 마련이다. 읽기는 멈칫거려야 자연스럽다. 그래야 자신이 아니면 찾아낼 수 없는 보물을 캐낼 수 있다. 독서는 글자와 글자 사이를 뒤지고 헤치고 다시 모으며 자신만의 의미를 찾는 과정이다. 어렵지만 그렇게 해야 진정한 독서를 했다고 자부할 수 있다. 쉽게 얻은 것은 쉽게 사라지고 어렵게 얻은 보물은 두고두고 빛난다.

독서 활동에서는 그림책을 살피면서부터 꼼꼼히 읽기를 가르칠 수 있다. 책 읽기 전, 그림책의 앞뒤 표지를 살펴보며 내용을 유추한다. 그런 다음 그림책을 읽으면서 장면마다 그림에 숨겨진 이야기를 찾아낸다. 글에는 없지만 그림에 표현되어 있는 상황이나 이유, 감정을 찾아 이야기를 나누고 공감한다. 책이나 활동의 특성에 따라 읽기에 변화를 준다. 처음 읽으면서 생각을 나눌 수도 있고, 처음엔 이야기에 집중하여 끝까지 읽고 다시 돌아가 한 장씩 살펴볼 수도 있다. 기억에 남거나 다시 보고 싶은 장면으로 돌아가 그 장면의 이야기를 풍성하게 만들어나갈 수도 있다.

읽기 책도 비슷하다. 기억에 남거나 이상하거나 특별한 느낌이 들었거나 이해가 되지 않는 부분을 펼쳐놓고 다시 읽어본다. 좋았던 부분은 여러 번 읽어본다. 그러면 처음에는 들지 않던 생각이 떠오르기도 하고 그 부분의 의미가 특별해지기도 한다. 엄마와 아이가 생각과 느낌을 나누면서 풍성한 의미를 만들어나간다.

건성건성 읽는 버릇이 든 아이에게는 반드시 꼼꼼하게 읽는 경험을 하도록 한다. 아이가 좋아하는 책을 고르게 해 아이도 읽고 엄마도 읽는다. 아이가 좋았던 부분을 찾아 함께 읽고, 엄마가 좋았던 부분에 대해서도 이야기를 나눈다.

"이 장면이 참 신기하더라. 너는 여기 읽을 때 어땠니?"

"여기서 멈춰서 몇 번을 읽고 싶더라. 너는 그런 부분이 있었니? 어딘지 함께 읽어보자."

"이 부분에서는 네가 왜 이 책을 좋아하는지 알겠더라. 나도 이런 점이 좋았거든."

편안한 마음으로 엄마의 감상을 이야기하면 아이도 자신이 그 책을 왜 좋아하는지 생각해볼 수 있다. 아이가 "그런 얘기가 있었어?" 하는 반응을 보여도 "너는 책을 대충 읽었구나" 하는 식의 반응은 보이지 않는다. 아이에게는 진짜 그 책을 좋아하는 이유가 분명히 있다. 그 부분을 풍성하게 즐기게 해주자.

5단계. 점화 방법을 활용해 빨리 이해하며 읽기

점차 아이는 내용이 꽤 많은 책까지 접하게 된다. 그림이 줄어들거나 사라지고, 글자가 작아지고, 분량이 많아지면 어쩐지 지루하고 힘들 것 같아 책 읽기를 망설이게 된다. 학년이 올라가면 교과 학습량도 많아지는데 읽을 책도 두꺼워져 조금씩 독서에 거리를 느끼게 된다. 이럴 때는 '점화 방법'을 활용하자. 점화 방법은 내용을 이해하는 속도와 집중력을 높여주는 방법이다.

책 읽기 전에 왜 이 책을 읽는지 목적을 분명히 해둔다. 아이의 솔직한 생각을 이끌어내는 것이 좋다. '도깨비가 궁금해서', '내일 모레 독서 활동에 참여하려고', '수학을 잘하는 방법을 알고 싶어서' 등 무엇이든지 아이가 생각하는 이유와 목적이면 된다. 목적을 점착 메모지에 적어 책 표지에 붙인다. 그런 다음, 책의 목차를 펼쳐 목차가 자신이 원하는 독서의 목적에 맞는지 확인하고 책 전체의 내용 구성을 파악한다.

목차를 참고하여 책 읽는 목적에 맞는 핵심 단어를 하나 정한다. '도깨비'라는 단어를 정했다면, 책의 본문에서 '도깨비'라는 단어를 찾아본다. 처음부터 한두 장씩 훑어보고 넘기며 '도깨비'라는 단어를 확인하고 넘어가면 된다. 한 장에 1~2초면 충분하다. 꼼꼼히 찾지 않아도 된다. 못 찾고 넘어가도 다시 돌아가지 말고 마지막 장까지 계속 찾아보며 넘긴다.

아이는 단어를 찾아가며 본문을 잠깐씩 훑어보는데, 이때 책에 대한 궁금증이 생겨난다. 책을 읽고자 하는 마음에 불이 붙는다. 이것을 '점화'라고 하고, 이로 인한 효과를 '점화 효과'라고 한다.

이렇게 훑어본 후, 처음부터 차근차근 책을 읽으면 훨씬 빨리 이해하고 내용을 잘 습득할 수 있다. 자연히 책에 몰입할 수 있게 된다. 일단 자기 수준에 맞는 책으로 훈련하고, 점차 수준을 높여가면서 독서 능력을 키울 수 있다.

6단계. 나누어 읽고 한 번에 읽기

아이는 독서 활동을 통해 책 읽기 방법뿐 아니라 책 읽기를 다루는 법도 배운다. 여러 책을 접하며 활동마다 책을 어떻게 읽으면 좋을지 계획하고 스스로 실행하다 보면, 자신이 책 읽기의 주체가 된다.

독서 활동 시간에 엄마가 처음 보여주며 읽어주는 책, 미리 과제로 읽을 책,

활동이 끝나고 나머지를 읽으면 좋은 책, 두고두고 조금씩 읽어나갈 책 등을 구분한다. 독서 활동의 흐름과 특성에 맞게 계획하고 읽어나간다.

글이 많은 읽기 책을 접했을 때는 나누어 읽기와 한 번에 읽기를 경험해본다. 처음 나누어 읽기를 할 때는 책 한 권 안에 독립된 여러 이야기가 모여 있는 것을 선택한다. 이야기를 몇 개 읽고 책갈피를 꽂아두었다가 다음 날 이어 읽는다. 다시 읽을 때는 앞부분에 신경 쓰지 않아도 된다. 굳이 앞부분을 들춰보지 않아도 책 내용의 분위기를 적당히 감지할 수 있다. 이 방법으로 책을 읽으면 두꺼운 책에 대한 부담을 덜 수 있다. 나중에 긴 이야기를 나누어 읽을 때도 집중해서 이어 읽는 법을 자연스럽게 터득할 수 있다.

'한 번에 읽기'는 이전보다 조금 긴 내용을 처음부터 끝까지 한 번에 이어 읽어보는 경험이다. 이렇게 읽으며 아이는 길게 집중하는 훈련을 하게 된다. 좀 더 많은 분량인데도 한 번에 다 읽었다는 생각에 자부심을 느끼고 또 다시 도전하고픈 모험심도 갖게 된다.

점차 아이가 한 번에 읽을 책, 나누어 읽을 책을 스스로 고민하고 결정하도록 이끌어준다. 이 경험은 아이가 스스로 자신의 책 읽기 수준과 발달 과정을 바라보면서 앞으로 나아가는 주체가 된다는 점에서 유익하다.

책 읽고 나서
무엇을 할까?

책 읽는 즐거움을 배가시키는 독서 활동

독서 활동을 생각하면 으레 독후 활동을 떠올리게 된다. 때로 책 읽기 과정보다 오히려 이 과정이 강조되는 듯해 우려를 나타내는 목소리도 적지 않다. 아이에게 독후 활동을 강조하면 책을 읽고 나서 반드시 그럴 듯하게 뭔가 이야기해야 하고, 결과를 만들어내거나 글로 써야 한다는 강박감이 생길 수 있다. 이러한 방법은 오히려 독서를 방해할 수 있다.

저학년 독서 활동의 목적은 책을 통해 즐거움 느끼는 것이다. 즉, '책을 즐기는 습관'을 들이는 것이다. 독후 활동 역시 책을 통해 다양한 즐거움을 느끼게 하는 과정이다. 더 깊이 이해하는 즐거움, 다른 이와 소통하는 즐거움, 책에서 받은 영감으로 나만의 세계를 만들어가는 즐거움, 책의 주인공이 되어 상상하는 즐거움, 내면의 느낌을 글로 표현하는 즐거움, 고민을 풀어나가는 즐거움,

자라나는 즐거움 등 독후 활동을 통해 느낄 수 있는 즐거움은 수도 없이 많다.

헤엄치는 법을 익힌 아이가 물에서 자유롭듯 책을 즐기는 법을 익힌 아이가 책 세상에서 더욱 자유롭다.

아이가 느끼고 표현하도록 이끄는 대화 열기

마지막 책장을 넘기고 나면 쉬는 시간을 갖는다. 작품의 여운을 간직하고 마음의 움직임, 울림을 느끼는 시간이다. 엄마에게도 아이에게도 마찬가지.

뭔가 급히 질문하고 확인하려 들면 책에 몰입하느라 민감해진 아이의 감수성에 상처를 줄 수도 있다. 아이도 모르게 방어하려는 태도, 더 이상 느낌을 표현하지 않으려는 태도, 정답을 찾아야 한다는 부담이 생긴다. 엄마를 만족시키는 답을 찾느라 마음이 졸아든다. 책보다 엄마의 질문과 답이 더 중요해진다. 마지막 책장을 덮은 순간, 적어도 바로 이 순간만큼은 아이의 느낌을 존중해주자.

얼마나 여운을 즐기면 좋을까. 엄마가 아무 말 없이 자신의 느낌을 간직하고 있거나 아이와 부드럽게 눈을 마주 보고 있으면 아이가 먼저 말을 걸어온다. 엄마가 계속 책을 읽어주다가 조용하니 궁금한 것이다.

"무슨 생각해요?"

"엄마도 재미있어요?"

아이가 엄마의 느낌을 궁금해한다. 이때 자연스럽게 대화를 시작하면 된다. 질문을 받았으니 엄마가 느낌을 간결하게 이야기한다. 그런 다음 아이의 느낌도 물어본다.

아이가 편안하게 자신의 느낌을 이야기할 수 있도록, 절대 평가하는 태도를 보이지 않는다. 엄마는 아이의 거울이 되어준다. 아이가 더듬더듬 어눌하게 표현하더라도 거기에 얽매이지 말고 참 의미를 진심으로 궁금하게 여긴다. 그리고 반영적 경청을 해주며 아이의 느낌을 비춰준다. 반영적 경청은 상대방의 감정 표현을 다시 정리하여 확인해주는 대화법이다.

"○○는 도깨비가 꼭 친구 같아 재미있었구나."

"할머니가 혼자 남아 ○○ 마음이 슬펐구나."

아이는 자신의 느낌이 소중하게 다뤄지며 존중받는다고 느낀다. 아이의 성향에 따라 느낌을 표현하기 어려워할 수도 있지만 조금씩 천천히 발전시킨다. 책을 덮자마자 발딱 일어나 돌아다니거나 다른 책을 읽어달라고 가져오는 행동을 할 수도 있다. 엄마와 이야기하는 자리가 불편하거나 집중할 수 있는 시간이 짧아서 그럴 수 있다. 앉아 있기 지루해 몸을 움직이고 싶어서 그럴 수도 있다. 아이가 왜 그런지 살펴보고 마음을 열고 느낌을 나눌 수 있는 방법을 찾아본다.

아이가 책을 다 읽고 바로 돌아다닌다면 읽는 중간에 느낌을 나눠본다. 엄마가 아이를 존중하고 소중히 다뤄주면 아이도 조금씩 마음의 문을 열고 자기 표현을 할 수 있다. 아무리 노력해도 아이가 싫어해 대화 자체가 어렵고 엄마도 피곤하다면 무리하게 앉혀두기보다 활발한 활동을 한다. 활동을 통해 기분을 풀고 에너지를 발산하다 보면 다른 방식으로 감상을 나눌 수 있다.

자유로운 표현을 도와주는 화이트보드 활동

독서 활동을 할 때 지도 교사는 활동지를 만들어 여러 아이들에게 제공한다. 아이들은 만화 주인공이 되어 등장인물과 이야기하거나 책을 읽고 갖게 된 생각의 가지를 뻗어나간다. 그러나 가정에서는 일일이 활동 내용을 구상해 활동지를 만들기 번거롭다. 활동지 대신 화이트보드를 활용하면 좀 더 간편하게 다양한 활동을 해볼 수 있다.

화이트보드는 종이보다 넓고 편리하다. 아이는 보드마카로 마음껏 쓰고 손쉽게 지울 수 있다. 자유롭게 쓸 수 있어 보다 유연하게 생각을 떠올리고 표현한다. 꼭 숙제나 공부처럼 여겨지던 탐구 활동이 낙서나 그림 그리기처럼 즐거워진다.

화이트보드 활동을 할 때는 화이트보드를 학교 칠판처럼 엄마가 판서하고 아이가 받아 적는 용도로 쓰지 않는다. 엄마와 아이가 같은 주제를 가지고 생각을 자유롭게 떠올리면서 표현하는 도구로 사용한다. 화이트보드 활동을 한 후, 아이에게 화이트보드를 보고 생각을 글로 정리하게 한다. 기록을 남겨두고 싶으면 스마트폰이나 디지털 카메라로 사진을 몇 장 찍어놓는다.

화이트보드 활동은 오로지 생각을 자유롭게 펼치는 것이 목표이다. 정답에 대한 부담, 엄마의 정성, 엄마의 평가, 지우고 쓰기 힘든 글씨 등 아이의 표현을 방해하는 요소 없이 자유롭게 활동할 수 있다. 그룹 활동이 아니라서 함께 생각할 친구가 없다는 단점도 어느 정도 보완한다. 엄마가 아이와 같은 입장에서 친구가 되어줄 수 있다.

화이트보드 활동은 이야기나 생각 간추리기, 내용 흐름이나 변화 과정 이해하기, 숨은 의미 찾기, 등장인물이나 사건 원인 분석하기, 그림 그리기, 새로운 아이디어 구상하기, 감정을 언어로 표현하기 등 여러 가지가 가능하다.

편안한 분위기에서 활동 목표를 충실히 이루려면 몇 가지 약속이 필요하다. 화이트보드는 우리의 마음이나 다름없으므로 함부로 낙서하듯 다루지 말 것, 함께 사용하지만 엄마는 아이 공간을, 아이는 엄마 공간을 서로 존중할 것, 깨끗이 유지하고 사용 방법을 바르게 지킬 것 등이다.

화이트보드는 클수록 좋다. 최소한 일반 스케치북보다 큰 것으로 준비한다. 마카는 반드시 보드용 마카를 사용하며, 작은 화이트보드일 경우에는 얇은 보드마카를 사용한다. 활동하기 전에는 잉크가 충분한지 확인한다.

더불어 점착 메모지(포스트잇)를 활용한다. 화이트보드에 붙였다 떼기 편리하고, 바로 책이나 종이에도 붙일 수 있어 여러모로 유용하다.

직접 체험하며 즐기는 실내 놀이와 실외 놀이

실내 놀이와 실외 놀이는 읽은 내용과 연결하여 즐길 수 있는 활동이다. 만들기, 카드 게임, 주사위 게임, 요리 등의 실내 놀이와 관찰, 채집, 탐방, 견학 등 실외 놀이를 해볼 수 있다. 보고 만지고 체험하면서 책의 내용을 떠올리고 자신만의 경험을 만들어나갈 수 있다.

2, 3부에서 제시하는 여러 가지 놀이를 해보고 아이와 함께 창의력을 발휘해 새로운 활동도 만들어보자.

생각과 느낌을 표현하는
차근차근 글쓰기

글쓰기는 어렵다?

방과후 교실에서 아이들을 지도할 때 일이다. 초등학교 1학년 은규가 부탁했다. 창가에 의자를 갖다 놓고 일기를 쓰면 안 되겠냐고. 다른 아이들이 동요할까 봐 좀 망설이다가 결국 허락했다. 은규는 창밖을 하염없이 바라보더니 공책을 창틀에 놓고 글을 써 내려갔다. 나중에 읽어보니 그 일기의 마지막에는 이런 글귀가 있었다.

나는 어쩌면 이러케 행복하까.
가을바람 마즈며 일기를 쓴다.

사실 제자리에 바른 자세로 앉아서 쓰라고 할 뻔했다. 그러지 않았길 천만다

행이다. 은규에게 그런 행복감이 기다릴 줄 어찌 알았겠는가. 1학년이라 맞춤법은 다 몰라도 은규는 일기 쓰는 그 순간 최고의 행복감을 느꼈다.

아이들은 자신의 생각이나 느낌을 글로 쓰면서 행복을 느낀다. 그런데 왜 우리는 늘 아이와 힘겹게 씨름을 할까? 바쁜 일상을 핑계로 은규와 같은 아이의 마음을 가둬두기 쉽기 때문이다.

아이는 창가에 앉아 기분 좋은 바람을 맞고 싶은데, 어른은 다른 아이들도 덩달아 나설까 봐 제자리에 앉으라고 한다. 마음이 창가에 부는 바람으로 향해서 자꾸 고개를 기울이면 바른 자세로 앉으라고 한다. 가만히 바람을 느끼고 있는 아이에게 시간이 없으니 빨리 쓰라고 한다. '이러케 행복하까'는 틀렸으니 빨간 줄을 긋는다. '이렇게 행복할까'로 다시 써오라고 한다. '마즈며'는 지난 받아쓰기에 나왔는데 왜 틀렸냐고 한다. 한 바닥을 꽉 채우지 않았으니 세 줄 더 써보라고 한다.

이런 상황에서 글쓰기에 행복감을 느낄 수 있는 아이가 있을까? 마음은 다른 데 가 있는데, 자꾸 뭘 쓰라고 하니 아무 생각도 안 난다. 힘들게 쓴 걸 어른들 마음대로 고치고 가르치려 드니 대충 무난한 말로 칸을 채운다.

저학년 아이들은 자신의 생각을 표현하거나 뭔가에 집중하기가 어렵다. 아직 손목의 힘이 약해 오랫동안 글씨를 쓰기도 어렵다. 글쓰기를 할 때도 아이의 마음을 먼저 읽어주자. 아이가 마음껏 느끼고 표현하게 해주자. 무엇을 어떻게 쓸지 가르치기보다 아이 자신의 표현을 존중해주자. 그래야 아이는 글로 생각이나 마음을 표현하며 즐거움을 느끼고 글로도 마음이 통한다는 것을 깨닫게 된다.

글쓰기의 즐거움을 일깨워주자

독서 활동을 하면서 다양한 글을 써볼 수 있다. 독후감뿐만 아니라 시, 일기, 편지, 설명하는 글, 주장하는 글 등을 쓸 수 있다. 이때 여러 종류 글의 특성을 배우기보다 자신의 느낌과 어울리는 표현 방법을 찾아 즐겁게 쓰도록 한다.

엄마는 아이의 쓰기를 칭찬하거나 비평하기에 앞서 내용에 주목한다. 내용은 바로 아이의 마음이다. 뭔가 가르치려 들지 말고 아이의 마음을 들여다보자. 책으로 서로 마음이 통하는 시간, 아이와 엄마에게 선물이 되는 시간을 갖는다고 생각하자. 짧고 부족하기만한 글이라도 아이의 마음에 집중하자. 아이는 선물처럼 자신의 느낌을 하나하나 꺼내놓을 것이다.

잘한다는 칭찬도 비평이다. 다 쓴 글을 읽고 칭찬이나 비판은 하지 않는다. 글에 나타난 아이의 마음에 초점을 맞추어 엄마의 느낌을 말한다. 엄마도 함께 글을 써서 아이와 느낌을 나누면 좋다.

쓰기는 즐겁다. 마음에 있는 느낌, 떠오르는 생생한 순간들을 글로 풀어놓으면 가슴이 시원하다. 글을 쓰면 자신을 표현하면서 만족감을 느끼게 된다. 글로 다른 이와 마음이 통하는 경험을 하게 된다. 엄마가 아이에게 마음껏 자기표현을 할 수 있는 상황을 만들어주고 글쓰기를 즐기도록 도와주자.

풍부한 쓸거리를 만들자

아이들은 연필을 쥐고 쓸 말이 없다고 불평한다. 엄마들은 일상이 반복되니 그럴 만도 하다며 수긍한다. 결국 일기 글감을 만들어주기 위해 놀이공원에 데리고 간다. 그런데 이렇게 특별한 일만 찾다 보면 일상에서 글감을 찾기가 더욱 어려워진다.

평범한 일상에서도 작은 느낌, 스치는 생각 하나가 얼마든지 글감이 될 수 있다. 학교 갔다가 돌아오면서 본 참새의 걸음걸이만으로도 충분히 좋은 글을 쓸 수 있다. 결국 특별한 일을 경험하는 것보다 사소한 것에서도 글감을 발견하는 눈을 갖는 것이 중요하다. 마음을 열고 자유롭게 느끼고 생각하면 글감이 보인다.

독서 활동은 책을 중심으로 느낌과 생각을 표현하고 나누는 일이다. 독서 활동을 하다 보면 쓸거리를 발견하는 눈이 점차 발달한다. 또 엄마와 책을 읽은 후, 화이트보드 활동이나 실내 놀이, 실외 놀이를 하다 보면 쓸 내용이 풍성해진다. 엄마와 동네 관찰 놀이를 하고 와서 그 경험을 바로 쓴다면 생생한 동네 탐방기가 될 것이다. 아이는 독서 활동에 몰입하고 즐기면서 풍부한 느낌을 갖게 되고 다양한 쓸거리를 찾게 된다.

자유롭게 써 내려가기

책 읽기에 푹 빠졌던 경험만으로도 새로운 느낌과 생각이 생기지만, 바로 글을 쓰려면 어떻게 풀어내야 할지 막막하다. 말로 구체화하거나 막연한 생각을 정리하면 쓰기가 좀 더 수월해진다.

책 읽기를 대화와 화이트보드 활동, 놀이 활동으로 좀 더 심화하였다면 그 내용을 글감으로 삼아 쓰기 활동으로 이어간다. 먼저 아이에게 쓰고 싶은 것을 떠올려보도록 한다. 다음은 어떤 내용을 써보겠다는 정도로 얼개를 구상한다. 저학년 아이가 너무 길고 자세한 글을 쓰는 것은 무리이다. 대강의 얼개를 짜서 글을 쓰는 것으로 충분하다. 생각나는 대로 자유롭게 써 내려가게 한다.

시작하기가 어려워 망설일 때가 있다. 아이와 이야기를 하며 느낌에 어울리는 이런저런 시작을 제안할 수 있다. 시작만 잘하면 생각이 술술 잘 풀린다. 아이 마음에 맴도는 어떤 말을 거울처럼 보여주고 짚어주면 아이 스스로 좋은 첫 문장을 찾아낸다.

간추려 쓰기, 상상하여 쓰기, 경험 쓰기 등 여러 쓰기 활동의 방식 중에서 특히 즐거워하는 것이 있다면 그 방식을 자주 이용한다. 아이가 생각을 풀어내기 좋은 방법이다.

다 쓴 후에는 소리 내어 읽어보면서, 제대로 표현되었는지 아이가 스스로 확인하도록 한다. 엄마가 빨간 펜으로 고쳐주지 말고 있는 그대로 내용을 즐기며 아이의 마음을 알아간다. 아이가 맞춤법과 모르는 낱말을 배워서 스스로 고쳐 넣어도 좋지만, 틀린 글이라는 인상을 받을 수 있으니 주의한다. 아이들에게 글씨를 틀렸다고 지적해도 자신의 표현과 마음이 틀렸다고 여길 수 있다. 아예 고쳐주지 않거나 새로운 낱말 배우기 공책을 마련하여 따로 써 내려가도 좋다.

엄마표 독서 활동 만들기

독서 활동 계획하기

책 고르기부터 읽기, 쓰기를 포함한 독서 활동까지 우리 아이에게 꼭 맞는 활동을 계획해보자.

먼저 독서 활동과 독서 생활 지도 일정을 잡는다. 아이와 가족의 생활 패턴을 살펴본다. 주 5일제 활동으로 가정에서 보내는 아이의 시간이 더 많아졌다. 학교, 학원이나 가족 모임으로 방해받지 않도록 독서 활동 요일을 정한다. 활동 시간은 한 시간 삼십 분에서 두 시간 정도, 시작하는 시각과 끝내는 시각을 정한다.

집에서 엄마와 하는 활동이라도 시간을 정해놓으면 아이의 임하는 자세가 다르다. 특히 시작과 끝나는 시각이 일정하면, 아이들은 안정감을 갖게 되고 활동을 진행하는 이에게 믿음이 생긴다. 냉장고나 집안 메모판에 독서 활동 시각과 활동 제목을 써서 붙여놓자. 시큰둥하거나 투덜대던 아이도 속으로는 은근히 기대를 한다.

특히 아이와 함께 독서 활동 기간을 정하면 좋다. 방학 기간, 3개월, 한 학기, 일 년 동안 등 목적과 상황에 따라 활동 기간을 정한다. 전체 활동을 계획할 수 있어 좋고, 정해진 기간 동안 열심히 하겠다는 결심이 생겨 좋다. 한 기간을 보낸 후 계속하고 싶으면 아이와 상의해서 다시 약속하면 된다. 아이는 기간을 한 차례씩 해낼 때마다 성취감을 느끼고, 스스로 선택한 활동이기 때문에 책임과 애정을 갖게 된다.

독서 활동은 아이의 책 읽기 생활을 위한 것이니만큼 매일의 독서 생활 계획도 세워 지도한다. 아침이나 저녁, 단 30분이라도 일정한 시간에 꾸준히 책을 읽도록 함으로써 독서 활동을 준비하고 책 읽기를 생활화한다.

그 다음, 독서 활동의 목적과 목표를 정한다. 활동을 통해 엄마와 아이가 바라는 것과 감정을 토대로 읽기의 목적을 정한다. 예를 들어, 책 읽기 좋아하는 마음 갖기, 책 읽고 엄마와 속마음 나누며 행복하기 등 매번 활동하는 동안 이룰 수 있으면서도 다음 활동에 또 이뤄야 할 것이 목적이 된다. 엄마와 아이의 목적을 따로 따로 정해본다. 활동 전에 충분히 생각하여 정한다.

활동 목표는 독서 활동 기간에 따라 달라지는 목표이다. 예를 들어, 1학년 2학기로 정한 활동 기간 중 목표, '혼자 소리 내어 동화책 30쪽 줄줄 읽을 수 있도록 익숙해지기', 혹은 '12권의 독서 활동 해내기'와 같다. 2학년 1학기가 되면 기간이 달라지므로 다른 목표를 정하게 된다.

다음의 표를 이용해 독서 활동 일정을 계획해보자.

독서 활동 일정

독서 활동 제목		
주인공 이름	아이	엄마
독서 활동 목적		
독서 활동 목표		
기간		
요일과 시간		
활동 준비 및 매일 독서 시간		

엄마표 독서 활동 레시피

이제 독서 활동의 내용을 짜보자. 첫 시간은 아이가 즐겨 읽는 분야의 책으로 가볍게 시작한다. 이 책의 2~4부에는 도서관이나 서점에서 쉽게 구할 수 있는, 주로 잘 알려진 책이 추천되어 있다. 활동하는 방법도 함께 제시되어 있다. 좋은 책이 있어도 구하다가 힘이 빠지면 곤란하므로 쉽게 접할 수 있는 책부터 시작하자.

책을 읽기 전에 가벼운 대화로 활동을 연다. 책의 주제와 관련된 아이와 엄마의 경험을 언급해도 좋다. 예를 들어, 다른 나라 동화 『공룡 도시락』을 선택했다면 다음과 같이 운을 뗄 수 있다.

"우리 예전에 공룡 전시회에 갔지? 그때 기억나니?"

아이는 그때의 기억을 떠올리며 경험을 이야기할 것이다. 이때 오래 대화하지 말고, 책 읽기로 연결한다. 책 읽기 시간은 책 종류마다 다르지만, 15분에서 30분 정도이다. 그 이상은 넘지 않도록 한다. 긴 책은 미리 읽거나 못 읽은 부분을 나중에 읽도록 한다. 책의 특성과 아이의 수준에 따라 책 읽기 방법을 선택한다.

책을 덮은 후, 대화 열기로 가볍고 편안한 분위기를 만든다. 그리고 화이트보드 활동이나 실내 놀이, 실외 놀이 중 하나를 선택하여 책 읽기를 심화한다. 각 활동을 통해서는 먼저 책의 내용을 이해하고 사고를 확장한 후, 내용을 자신에게 적용해본다. 읽기에 할애되었던 시간을 고려하여 활동 시간을 조절한다. 대화 열기 포함 30분 내외로 한다. 아이의 흥미와 집중을 고려하여 시간은 더 늘릴 수 있다.

쓰기는 내용에 따라 활동 중 하나로 대신할 수도 있고, 활동 이후 정리하는 글쓰기로 할 수도 있다. 활동 목표와 아이의 성향, 수준에 따라 조절한다. 특히 쓰기 시간은 절대 30분이 넘지 않도록 한다. 글로 정리하다 지치고 질리면 곤란하다.

활동 중간 휴식을 포함하여 전체 1시간에서 2시간 정도 활동을 하고 마친다. 아이가 충분히 잘 놀고 몰입하였으면서도 끝내기 아쉬워할 때가 있는데, 독서 활동을 지속하기 위해서는 더없이 좋다. 아쉽지만 깨끗이 끝내고 다음 활동을 기대하도록 한다.

아이의 활동은 사진으로 찍고 파일로 저장하여 남겨둔다. 아이가 어떻게 활동을 만들어가는지 보면서 매주 활동 목표와 활동을 정한다. 2, 3부에 제시된 활동 방법은 새로운 활동을 만들어가기 위한 기초 경험에 불과하다. 4부의 주제별 책 읽기 지도 방향도 마찬가지이다. 아이가 놀라운 집중을 보이는 활동들을 바탕으로 새로운 활동을 구상하여, 보다 풍성하고 즐거운 독서 활동을 만들어간다.

엄마의 독서 활동 레시피

책 제목	
활동 목표	
준비물	
책 읽기 전 마음 열기	
읽기	
책 읽은 후 대화 열기	
연결 활동	
정리	

책과 친구 되는
습관 들이기

책꽂이 한 칸을 비워두자

우리는 아이들의 독서 환경을 마련하기 위해 기꺼이 비용을 지불하고 공간을 내어준다. 어릴 적부터 이런저런 전집 시리즈와 놀이 책, 탐구 책으로 아이 방과 거실 책장을 빼곡하게 채운다. 발달 단계에 맞춰 역사, 문학, 과학 시리즈 등을 계속 들여놓는다. 부모가 꽉 채워놓은 책장을 아이는 어떻게 받아들일까? 부모가 의도를 가지고 만들어낸 환경은 아이 자신의 세계가 아니다. 책장 가득 순서대로 꽂힌 책은 아이가 책을 많이 읽기를 바라는 부모의 마음을 표현하는 것일 뿐이다.

그보다는 아이 스스로 책에 흥미를 느낄 수 있는 환경을 만들어주는 것이 중요하다. 아이의 눈높이에 맞는 책꽂이 한 칸을 비워두자. 이 칸만큼은 아이의 세계로 내주자. 수많은 책 중에서 마음이 가는 책을 골라서 꽂게 한다. 집에 있는 책이든, 도서관에서 빌린 책이든, 서점에서 새로 사온 책이든 상관없다. 요즘 재미있게 읽은 책, 읽고 싶은 책, 읽고 있는 책, 뭔가 마음에 들어서 가까이 두고 싶은 책을 꽂게 한다. 이 칸은 아이 스스로 만들어낸 독서 환경이다. 아이는 직접 골라 모은 책들에 애착을 갖게 된다. 부모는 아이가 모은 책들을 보며 현재 아이의 마음 상태와 흥미를 느끼는 분야를 알 수 있다.

책을 즐기는 습관이 우선이다

독서할 때 중요한 것은 책을 즐기는 경험이다. 독서 활동을 약속한 시간에 일정하게 꾸준히 반복하고, 그때마다 즐거운 정서를 느낄 수 있도록 한다. 도서관이나 서점에서 책을 고르고, 읽기 위해 대출하거나 구입하고, 함께 읽고, 반납하고, 친구에게 빌려주고, 생각을 대화로 나누고, 놀이하고, 글로 표현하는 모든 과정이 즐거운 경험이다. 아이는 이러한 경험을 반복하면서 책 읽기가 즐거운 일이라고 느끼고 자신도 모르는 사이에 '책은 재밌어' 라는 생각을 갖게 될 것이다.

아이가 책을 즐기도록 돕고 싶다면 한 가지를 꼭 기억하자. 아이의 자유로운 탐구 활동을 방해하지 않는 것이다. 공부를 시키든지, 마냥 놀게 하든지 아이들은 끊임없이 뭔가를 배운다. 정보와 지식과 생각을 한도 끝도 없이 흡수한다. 그런데 어른이 끼어들면 오히려 아이의 자연스러운 탐구 정신을 방해한다. "배워야 해" 라는 말이 떨어지자마자 아이들의 열정은 식는다. 아이에게 "~해야 한다"라고 말하기 전에 아이가 "~하고 싶어"라고 말할 수 있도록 의욕을 북돋아주자.

책을 즐기는
습관을 들이려면

• 부모와 아이가 함께 책에 푹 빠져드는 시간을 갖는다

하루 30분 정도 매일 같은 시간에 읽어주거나 읽게 하고, 일주일에 한 번은 함께 독서 활동을 하면서 더 깊이 몰입하는 경험을 한다.

• 아이 스스로 읽고 싶은 책을 고르게 한다

아이는 때로 좋은 책보다 흥미만을 자극하는 책을 고른다. 이럴 때는 엄마가 고른 몇 권 중에서 마음 가는 책을 골라보게 한다. 흥미만을 자극하는 책을 아에 못 읽게 하기보다는 좋은 책을 읽으며 재미를 느낄 수 있는 기회를 마련한다.

• 아이가 책을 읽고 느낌을 말할 때 맞장구를 치며 공감한다

아이가 제대로 읽었는지 판단하기보다 어떤 느낌을 받았는지 궁금하다는 자세로 공감해준다.

• 울적할 때는 기분이 좋아지도록 책을 고른다

책 속에 즐거움이 있다. 기분이 울적해도 좋은 책을 읽다 보면 마음이 스르르 풀리며 기분도 한결 나아진다. 기분 전환을 위해 책을 고르고 읽다 보면 감정을 다루는 법도 배울 수 있다.

• 기분 좋을 때는 도서관이나 서점으로 책 산책을 나간다

도서관이나 서점에 어떤 책들이 어떻게 진열되어 있는지 살펴보고, 관심 분야의 책을 찾아본다. 이때 눈에 띄게 진열되어 있는 책뿐만 아니라 다른 곳에 있는 책들도 관심 있게 들여다본다. 다양하게 진열되어 있는 책을 두루 살펴보아야 좋은 책을 고르는 안목을 기를 수 있다.

• 책과 관련된 요리 활동이나 놀이를 하면서 즐거움을 배가시킨다

책을 읽고 다양한 활동을 하면 즐거운 생활을 경험할 수 있다.

· 마음에 드는 책의 표지나 그림으로 집 안을 꾸민다

아름다운 그림에는 마음이 간다. 엄마 마음에 드는 그림책을 하나 골라 거실이나 안방 등 눈길이 닿는 곳에 진열해보자. 자연히 아이는 그림책이 거기에 있는 이유를 묻게 되고 엄마와 함께 대화를 나누게 된다.

· 훌륭한 소설가나 위대한 작품을 동경할 수 있도록 소개한다

나중에 크면 위대한 작품을 읽을 수 있다는 것을 알려준다. 아이는 위대한 작품에 동경하는 마음을 갖게 되고, 좋은 책에 더욱 흥미를 보인다.

책 읽는 재미를
느끼게 하려면

- 읽기 수준에 맞는 책을 읽게 한다

　너무 쉽거나 어려운 책이 아니라 자신의 읽기 수준에 맞는 책을 읽게 한다. 그래야 흥미를 느끼며 책을 가까이하게 된다. 학년 구분이나 권장 도서 목록은 참고하되, 지나치게 얽매이지 않도록 한다.

- 관심 분야의 책, 마음이 끌리는 작품을 마음껏 읽게 한다

　골고루 읽히려고 관심 분야의 책을 덜 읽게 할 필요는 없다. 그보다는 마음껏 읽게 하면서 잘 안 읽는 분야의 책도 소개하고 조금씩 더 읽게 한다.

- 책 읽은 경험을 편안하고 자유롭게 나누는 시간을 갖는다

　책을 읽은 후에는 다양한 독서 활동을 해본다. 엄마와 함께 하는 독서 활동은 특별한 즐거움으로 기억될 것이다.

- 엄마가 읽은 책을 이야기로 들려준다.

　엄마도 책을 즐겨 읽고 인상 깊었던 책에 대해 이야기를 만들어 들려준다. 엄마가 책을 읽으며 느꼈던 감동과 즐거움을 아이도 간접적으로 경험할 수 있게 된다.

2부

문학의
즐거움

옛이야기 『재치가 배꼽 잡는 이야기』
우리나라 창작 동화 『쥐똥 선물』
다른 나라 창작 동화 『공룡 도시락』
동시 『난다 난다 신난다』
우리나라 그림책 『손 큰 할머니의 만두 만들기』
다른 나라 그림책 『부엉이와 보름달』

통쾌하고 신나는 옛이야기 속으로~

국어 1학년 2학기 3. 생각을 전해요(읽기 본문 일부 수록)
국어 2학년 1학기 7. 따뜻한 눈길로

조호상 글 | 김성민 그림 | 사계절

 엄마가
먼저읽기

옛이야기에 숨겨진
지혜를 발견한다

"옛날 옛적에……."

언제나 귀를 솔깃하게 하는 말이다. 재미있는 일이나 신기한 일이 벌어진다
는 믿을 만한 예고로 들린다. 옛이야기는 결코 실망을 안겨주는 법이 없기 때문
이다. 오랜 시간 동안 많은 사람들의 입을 거치고 거쳐 만들어진 만큼 무척 재
미있다. 생생하게 펼쳐지는 옛이야기는 어른 아이 할 것 없이 누구나 좋아한다.

『재치가 배꼽 잡는 이야기』는 옛이야기 중 꾀쟁이들의 이야기를 가려 모은
책이다. 주인공은 겉보기에 시시하고 볼품없다. 가족에게는 걱정거리요, 이웃

에게는 놀림거리다. 하지만 위기의 순간에 재치를 발휘하여 거만한 자들의 코를 납작하게 만든다. 이야기는 통쾌하고 신이 난다.

아이들의 마음속에 작은 사람도 얼마든지 큰 사람을 이길 수 있다는 믿음, 아무리 어려운 일이라도 반드시 해결할 길이 있다는 믿음을 심어준다. 게으름뱅이가 좋은 것을 얻게 되어도 혹시나 아이가 게으름을 따라할까 걱정할 필요는 없다.

옛이야기의 교훈은 겉으로 보이는 게 전부가 아니다. 아이는 흥미로운 이야기를 따라가며 이야기 속에 숨겨진 깊은 뜻을 자연스럽게 받아들인다. 그저 있는 그대로 재미있게 읽어주면 된다. 입말체로 되어 있어 부모는 술술 읽어주기만 해도 대단한 이야기꾼이 될 수 있다.

『재치가 배꼽 잡는 이야기』에는 좁쌀 하나로 장가 든 총각, 밤새 호랑이를 여러 마리 잡은 아이, 하늘을 나는 것도 모자라 임금이 된 머슴 등 일곱 개의 흥미진진한 이야기가 담겨 있다.

각 이야기 들머리에는 흥미를 유도하는 글귀가 있다. 이 가운데 「냄새 맡은 값은 무엇으로 치르나」라는 이야기는 1학년 국어 교과서에 수록되어 있다. 아이는 이 이야기를 읽으며 자연스럽게 교과 내용에도 흥미를 갖게 된다. 쉽고 간결한 문장 속에서 옛날 풍속과 낱말도 배울 수 있다.

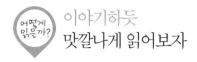

이야기하듯
맛깔나게 읽어보자

아이와 책 제목을 읽고 표지, 지은이, 차례를 살펴본다. 일곱 개의 이야기 제목도 하나하나 읽어보며 어떤 이야기가 나올지 상상해본다.

엄마 : "어떤 이야기가 나올까?"

아이 : "호랑이 이야기."

아이가 대답한 낱말 중 하나를 골라 책을 스르르 넘겨가며 찾아본다. 그림을 찾아도 좋다. 한 페이지당 약 2~5초 정도의 시간을 준다. 아이는 글자와 그림을 훑어보면서 궁금증과 흥미를 느끼다가 낱말을 찾으면 반가워한다. 그 부분의 내용을 아는 데까지 도달하고 싶다는 은근한 욕심도 생긴다. 자연히 머릿속으로 이런저런 생각을 하게 된다. 혹 아이가 낱말을 찾지 못하더라도 엄마가 가르쳐주지 않고 넘어간다.

이 책에 혹시 이미 알고 있던 이야기가 있는지도 물어본다. 옛이야기는 아는 이야기일수록 더 듣고 싶으니 아이가 이미 아는 내용이 있다고 해도 걱정할 필요는 없다.

엄마가 「좁쌀 한 톨로 장가 든 이야기」를 읽어준다. 이 이야기는 읽을 양이 꽤 많으므로 처음부터 목소리에 힘을 빼고 편안하게 읽어준다. 부모가 억지로 재미있는 분위기를 연출하려고 하면 점점 힘들어지고 아이도 부담스럽다. 그보다 목소리를 조금 낮추면 아이는 더 귀 기울여 듣게 된다. 읽어주다 보면 자연스럽게 목소리 톤이 살아날 것이다. 이때부터는 등장인물에 따라 적당히 톤을 바꿔가며 대화의 맛을 살린다. 반복되는 대화는 엄마와 아이가 역할을 나뭐 읽어도 좋다.

다 읽은 후에는 아이에게 듣고 싶은 이야기를 하나 더 고르도록 하고 그 이야기도 읽어준다. 중간중간 아이에게 소리 내어 읽어보라고 한다. 아이는 읽으면서 말의 재미와 리듬을 느끼게 된다.

엄마가 너무 많이 무리해서 읽어주면 엄마도 아이도 쉽게 지칠 수 있다. 「좁쌀 한 톨로 장가 든 이야기」를 포함해 두세 개의 이야기만 읽어준다. 나머지는 아이 스스로 읽도록 남겨둔다. 언제 다시 읽을지 의논해서 메모지에 적고 표지에 붙여둔다.

이야기를 간추려보자

대화
열기

흥미진진한 장면을 뽑은 후 간추려 말해보자.

엄마 : "좁쌀 한 톨이 새색시가 되다니 놀랍지. 어쩌다 그렇게 되었지?"

아이 : "쥐가 물어갔잖아요."

엄마 : "그런데 고양이가 '야옹' 잡아먹었지. 또 어떻게 되었더라?"

아이가 내용을 이해했다고 하더라도 바로 간추려서 말하기는 쉽지 않다. 간추려서 말하려면 머릿속에서 내용을 이해하고 핵심을 파악한 후 간단하게 줄여 새롭게 구성해야 하기 때문이다.

엄마와 아이가 주거니 받거니 내용을 되새기면서 함께 이야기를 간추려보

자. 엄마는 이야기를 잘 간추려야 한다는 생각을 버리고 재미있으니까 되새겨
본다는 느낌으로 대화를 이끈다. 아이가 인물이나 줄거리에 대해 완벽하게 이
해하지 못했더라도 즐거워했다면 다음 활동으로 넘어간다.

 '전국 재치 자랑 대회'
열기

엄마와 아이가 등장인물들과 함께 재치를 겨뤄본다.

엄마 : "재치꾼들이 참 대단하지. 그런데 엄마도 알고 보면 재치꾼이란다."

엄마가 재치로 위기를 넘겼던 순간을 떠올려 이야기로 들려준다. 아이도 그
런 순간이 있었는지 말해보게 한다. 이때 마음껏 자랑하도록 격려해준다. 아
이가 경험을 떠올리지 못하면 엄마가 아이의 재치를 느꼈던 순간을 이야기해
준다.

준비물

화이트보드, 보드마카, 점착 메모지, 연필, 휴대폰

놀이법

① 화이트보드 맨 위에 '전국 재치 자랑 대회' 라고 쓰고 재치 자랑을 연다고
   발표한다.

② 그 아래에 이야기 속 등장인물의 얼굴을 나란히 그리고 번호를 매긴다.
   엄마와 아이도 등장인물 옆에 그린 후 번호를 매긴다. 그림은 단순하게
   그린다. 그림 옆에 이름이나 별명을 적어 누구인지 알 수 있게 한다.

③ 인물 그림 위쪽으로 커다랗게 말풍선을 그린다.

④ 대회를 시작한다. 아이와 엄마가 함께 이야기를 떠올리며 그 인물이 왜
   재치꾼인지 자랑한다. 원활한 진행을 위해 엄마가 말풍선에 자랑한 말을
   적는다.

⑤ 아이와 엄마가 각자 자랑을 하고 나면 전체 말풍선이 자랑으로 꽉 차게
   된다.

⑥ 말풍선을 읽어보며 등장인물을 한 번 더 떠올려보고 각각의 재치꾼들에
   게 상을 준다. 엄마와 아이도 상을 받는다. '좁쌀 상', '호랑이 상' 등등 각
   각 재미있는 상 이름을 지어 점착 메모지에 써서 붙여준다.

⑦ 휴대폰으로 사진을 찍어 저장한다. 그대로 두었다가 쓰기 활동 자료로 이
   용해도 좋다.

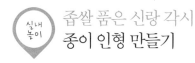
좁쌀 품은 신랑 각시
종이 인형 만들기

'좁쌀 품은 신랑 각시 인형'을 만들어보자. 부채 접기 형태의 종이 인형은 이야기가 술술 나오게 하는 아코디언 책으로 쓸 수 있다.

준비물

A4 이상 되는 크기의 종이, 연필, 색연필, 가위

놀이법

① 종이를 일곱 등분하여 부채 접기를 한다.

② 윗부분을 얼굴과 목, 어깨를 따라 오려 사람의 형태로 만든다.

③ 완전히 접은 면의 맨 앞에는 사모관대 쓴 총각을 그리고, 한 면마다 좁쌀, 쥐, 고양이, 당나귀, 황소를 차례대로 그린다. 다음 면에는 물음표를 그린다. 접은 면의 맨 뒤에는 족두리 쓴 새색시를 그린다.

④ 접힌 면을 하나씩 보여주면서 등장인물에 대해 차례대로 이야기해본다. 맨 마지막에는 신랑 면을 펴서 신랑 각시를 나란히 보여준다.

호랑이 끈 잡기

「호랑이를 한꺼번에 잡으려면 어떻게 해야 하나」 이야기를 떠올리며 호랑이 잡기 놀이를 해보자고 한다. 호랑이 끈 잡기는 좁은 공간에서도 할 수 있는 신체 놀이이다.

준비물

끈 2개, 낙서펜(쉽게 지워지는 펜)

놀이법

① 엄마와 아이가 각각 허리에 끈을 묶는다. 한쪽 끝을 길게 남겨 뒤로 가게 한다.

② 바닥에 동그랗게 원을 그린다.

③ 엄마와 아이가 마주 본다.

④ "시작" 하며 상대방의 허리에 묶인 끈을 잡는다. 각자 제 끈을 잡히지 않도록 몸을 피한다. 이때 원 밖으로 나가면 진다.

⑤ 먼저 끈을 잡은 사람이 승리한다.

줄거리
간추려 써보기

　활동을 통해 충분히 익힌 이야기의 줄거리를 글로 적어본다. 엄마가 아이에게 등장인물은 어떤 사람이고, 어떤 일을 벌였는지 차례대로 써보자고 유도한다. 글을 쓸 때 대화 글을 넣으면 더 생생하다는 사실을 알려준다. 스스럼없이 자신의 생각을 써 내려가도록 아이에게 충분한 시간을 준다.

　아이가 쓰기 싫어할 경우에는 엄마도 함께 앉아 글을 쓴다. 서로 바꿔 읽고 글을 발표하는 시간도 가져본다.

　엄마 : "긴 이야기를 간추려 쓰려니까 힘들다. 손가락도 아프네."

　아이 : "나도 손가락 아프고 어려워요."

　엄마 : "그런데도 이야기를 잘 간추려 썼구나. 어떻게 그렇게 했어?"

　아이 : "종이 인형 보고 했어요."

　엄마 : "그랬구나. 나는 칠판 보면서 했어. 어려워도 글을 완성하니까 보람이
　　　　 있네. 너는 어때?"

　아이에게 글쓰기를 강요하면 활동하기가 점점 더 어려워진다. 느낌을 나누면서 차츰 자연스럽게 익숙해지도록 한다. 화이트보드 활동을 간추려 자신의 글로 다듬거나 놀이 활동 경험을 쓸 수도 있다.

주인공의 마음에 공감하며
생각의 창을 넓힌다

국어 1학년 2학기 6. 이렇게 해 보아요
국어 2학년 1학기 1. 느낌을 말해요

김리리 글 | 김이랑 그림 | 비룡소

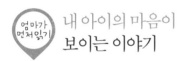

내 아이의 마음이
보이는 이야기

　승호 눈에는 우진이밖에 안 보인다. 왜냐하면 우진이는 싸움도 잘하고 게임도 일등인 데다가 달리기도 잘하기 때문이다. 또 반에서 최고로 인기 좋은 친구이다. 그런 우진이의 생일에 승호가 초대를 받았다. 승호의 마음은 기쁘기 그지없다. 승호는 우진이에게 가장 멋진 생일 선물을 하고 싶다. 하지만 엄마가 준 돈은 이천 원뿐. 변신 로봇이나 게임 CD를 선물하고 싶지만 둘 다 만 원이 훌쩍 넘는다.

　승호가 실망하여 문방구를 나오는데, 굉장한 것이 눈에 들어온다. 바로 뽑기 기계이다. 동글동글 플라스틱 캡슐에 당첨 번호가 들어있다. 1등을 하면 게임 CD를 준다. 적은 돈으로 좋은 선물을 구할 절호의 찬스! 승호는 이천 원을 모조리 백 원짜리 동전으로 바꿔 뽑기를 시작한다.

아픈 적이 있어서 친구를 많이 못 사귄 승호는 우진이와 친한 친구가 되고 싶다. 이것이 승호가 우진이의 생일 선물에 열을 올리는 이유다. 승호는 일등을 하기 바라는 간절한 마음으로 뽑기에 열중했지만 결과는 혹독했다. 이천 원은 고작 구슬 세 알이 되어 돌아왔다.

승호가 실망한 채 우진이네 집으로 향하던 중 어디선가 알쏭달쏭 이상한 차림의 할머니가 나타나 쥐똥처럼 생긴 걸 주며 기쁨의 씨앗이라며 친구에게 선물하라고 한다. 승호는 우진이에게 이것을 선물하고 둘은 그 씨앗을 화분에 심고 싹이 나길 기다리며 가까워진다.

『쥐똥 선물』은 친구는 어떻게 만들어지는가, 게임으로 메말랐던 남자아이의 속마음은 어떻게 부드러워지는가에 대한 이야기이다. 우정은 오해에서부터 출발하지만 오해의 밑바닥에도 진심은 있는 법. 진심이 통하는 순간이 바로 마법이 통하는 순간이 아닐까. 쥐똥인지 마법의 씨앗인지는 독자가 판단할 몫이다.

이 책은 김리리 작가의 경쾌한 글에 김이랑 작가의 생동감 넘치는 그림이 어우러져 아이들의 공감과 흥미를 이끌어낸다. 저학년 시기에 자신의 삶과 비슷한 이야기가 나오는 생활 동화를 읽으면 공감 능력이 발달한다. 또 흥미와 수준이 맞는 단편 동화를 읽으면 성취감을 느껴 독서에 대한 자신감이 쌓인다.

계획을 세워
스스로 읽는다

독서 활동 전까지 책을 미리 읽게 한다. 일주일 전에 '앞으로 읽을 책'이라는 메모를 책 표지에 붙이고 눈에 잘 띄는 곳에 둔다. 그 후 아이 스스로 찾아 읽도록 격려한다. 한 번에 끝까지 읽거나 두세 번에 걸쳐 나눠 읽게 한다. 읽을 때마다 메모지에 표시한다.

동화책을 읽을 때에는 소리 내어 읽게 한다. 소리 내어 읽기는 글자를 정확히 읽는 능력을 키워준다. 또 단어의 뜻을 생각할 수 있도록 여유를 준다. 이야기에 빠르게 빠져들게 하며 낭송하거나 노래하듯 기분 좋은 느낌이 들게 한다. 소리 내어 읽기에 능숙해지면 눈으로 읽을 때에도 빠르고 정확하게 읽을 수 있다. 소리 내기 곤란한 상황이거나 아이가 싫어할 때는 글자 아래를 손가락으로 가리키고 한 줄 한 줄 눈으로 따라가며 읽게 한다.

독서 활동 시간이 시작되면 책 읽은 경험을 나눈다. 언제 어떻게 읽었는지, 어떤 느낌이 들었는지 이야기한다. 이때 아이가 약속대로 책을 잘 읽었더라도 따로 보상하거나 과한 칭찬을 하지 않는다. 지나친 칭찬은 책 읽는 과정에 흥미를 잃게 만들 수 있다. "네가 책을 잘 읽어와서 즐거운 활동을 바로 시작할 수 있어 기쁘구나"라고 칭찬하면 된다.

아이가 책 읽기 약속을 지키지 않은 경우에는 어떻게 할까? 엄마가 함께 끝까지 읽어주어 내용을 파악하게 한다. 활동 시간이 정해져 있으므로 즐거운 놀이를 못하거나 독서 활동이 늦게 끝나는 것을 감수하게 한다.

엄마는 아이를 야단쳐 자책감을 주기보다 아이의 행동으로 인해 벌어진 어쩔 수 없는 상황을 이해시킨다. '징벌'이 아닌 '논리적 귀결'로 결과를 받아들이게 한다. 아이 스스로 잘못에 대한 결과를 받아들이면 불필요하게 감정싸움을 하지 않아도 된다. 무엇보다 아이가 열린 마음으로 활동하게 된다.

책 속에서 인상에 남았던 장면을 각자 고르고 엄마나 아이가 소리 내어 읽는다. 처음과 마지막을 포함하여 중요한 부분을 서너 군데 이상 읽는다.

궁금증이
꼬리를 물어요

마지막 부분을 읽은 후, 궁금증과 느낌을 이야기한다.

엄마 : "참 신기한 씨앗이네. 쥐똥일까? 씨앗일까?"

아이 : "쥐똥."

엄마 : "정말? 왜?"

아이 : "싹이 안 났으니까요."

아이가 할머니를 길에서 또 만났기 때문이라든지, 싹이 나지 않았기 때문이라든지 이유를 자유롭게 말할 수 있게 한다. 엄마는 아이의 생각을 있는 그대로 받아주고, 아이와 다른 생각을 말한다.

엄마 : "그렇구나. 나는 기쁨의 씨앗 같아. 우진이 소원이 이루어졌으니까."

아이 : "맞아. 승호 소원도 이루어졌어요."

엄마 : "쥐똥인지, 씨앗인지 알쏭달쏭 잘 모르겠네."

아이 : "쥐똥인가? 씨앗인가?"

아이가 답을 찾기보다 궁금증을 갖도록 대화를 이끈다. 할머니의 정체가 무엇인지, 고양이는 왜 구슬을 먹었는지, 승호는 왜 뽑기 기계를 놓지 못했는지 가볍게 물으며 함께 고민한다. 아이에게서 궁금증을 유발하면서 무엇이 가장 궁금한지 물어본다.

아이가 책 내용을 이해했는지 확인하기 위해서 답을 요구하며 꼬치꼬치 묻지 않도록 한다. 함께 궁금증을 해결하다 보면 아이가 무엇을 이해하고 무엇을 이해하지 못했는지 알 수 있다. 설명이 필요한 부분은 자연스럽게 이야기해주면서 이해를 돕고, 함께 궁금증을 풀어나가는 데 집중한다. 아이가 자유롭게 생각의 날개를 펼치려면 답을 찾기보다 스스로 궁금해서 이리저리 생각해보는 과정이 필요하다. 가장 궁금한 단 하나의 물음을 화이트보드에 적으면서 다음 활동으로 넘어간다.

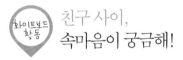

친구 사이, 속마음이 궁금해!

친구의 속마음이 나오는 뽑기 기계를 만들어본다. 승호와 우진이, 아이와 아이 친구, 엄마와 엄마 친구의 마음을 알아본다. 다른 사람의 마음을 이해하는 과정을 통해 공감 능력과 정서 지능이 발달한다.

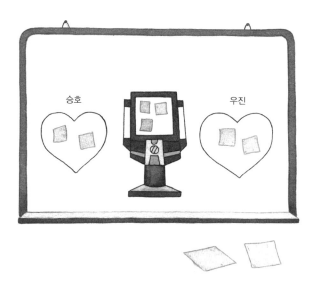

준비물

화이트보드, 보드마카, 점착 메모지, 연필

놀이법

① 화이트보드 한가운데에 커다란 뽑기 기계를 그린다. 동화책 17페이지
　그림에 나온 뽑기 기계를 따라 그린다.

② 뽑기 기계 양쪽에 커다란 하트를 그리고 '승호', '우진' 이라고 이름을
　적는다.

③ 점착 메모지의 뒷면에 아이들의 마음을 적는다. 글자가 보이지 않도록
　뽑기 기계 그림 위에 메모지를 모두 붙인다.

④ 가위바위보로 뽑기 순서를 정한다. 메모지를 한 번에 한 장씩 떼어 속
　마음 뽑기를 한다. 승호 마음이면 승호 하트에, 우진이 마음이면 우진
　이 하트에 메모지를 옮겨 붙인다. 아무에게도 속하지 않는 마음이면
　'꽝' 이다. '꽝' 은 빈 공간에 붙여놓는다.

⑤ 다 붙였으면 승호와 우진이를 한 명씩 맡아 메모지를 참고하여 주인공들의 속마음을 자세히 이야기해본다. 단답식으로 빨리 읽고 넘어가기보다는 등장인물의 마음에 하나하나 충분히 공감하도록 분위기를 이끈다. 엄마도 아이들의 마음을 이해하려는 노력을 보여준다. 다 읽은 후에는 메모지를 다시 모아 뽑기 기계에 모아 붙인다.

⑥ 다시 빈 하트에 아이와 아이 친구, 혹은 엄마와 엄마 친구 이름을 적고 같은 활동을 한다. 그리고 친구 사이의 속마음을 이야기해본다. 여러 쌍의 친구 사이를 이해하는 시간을 가진다.

우리의 속마음

친해지고 싶어, 생일 축하해, 고마워, 같이 놀고 싶어, 외로워, 부러워, 좋은 선물 해주고 싶어, 어떡하지?, 귀찮아, 기분 좋아, 기대된다, 설렌다, 재미있다, 걱정된다, 무섭다, 울고 싶다, 즐겁다, 부끄럽다, 창피하다, 밉다, 궁금하다, 미안하다, 속상하다, 신기하다, 실망스럽다, 행복하다, 기쁘다, 또 만나고 싶다, 자랑스럽다, 부글부글 화가 난다, 쑥스럽다, 시시하다, 놀랍다 등.

＊그 밖에 생각나는 다른 마음을 여러 개 더 적어놓아도 좋다.

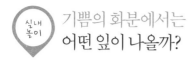

기쁨의 화분에서는
어떤 잎이 나올까?

기쁨의 식물이 심어져 있는 화분을 만든다. 아이와 가족의 바람을 잎사귀에
적어보며 서로의 속마음을 알 수 있다.

준비물

마른 흙, 화분, 박스, 크레파스(색연필), 마카, 가위

놀이법

① 화분에 마른 흙을 채운다.

② 박스에 기쁨의 식물을 상상하여 그린다. 화분에 꽂아서 세울 수 있을 정
   도의 크기로 그린다.

③ 잎사귀나 열매마다 자신의 기쁨이 될 바람을 적는다. '인라인 스케이트
   잘 타기', '소풍 가서 노래하기', '가족 캠핑 가기', '친구 ○○와 화해하
   기' 등. 엄마도 엄마의 바람을 적은 식물을 만든다. 바람을 생각하고 써
   보는 과정을 통해 자신의 속마음을 알 수 있다. 엄마는 아이가 보이는 것
   에서부터 안 보이는 것까지 폭 넓게 생각하고 구체적으로 쓰도록 이끌

어준다.

④ 다른 가족 구성원의 식물도 만든다. 아이가 직접 바람을 물어보며 만들도록 한다. 열린 마음으로 가족의 속마음을 들을 수 있는 기회를 갖는다. 한 화분에 식물을 모두 꽂는다.

⑤ 가족들의 마음을 함께 이야기해보고, 각자의 바람이 이루어지도록 서로 응원하고 돕기로 한다.

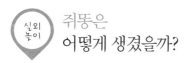

쥐똥은 어떻게 생겼을까?

주변에 서식하는 동물의 똥을 찾아 생김새와 특징을 알아보는 관찰 활동이다. 『똥도감』(나카노 히로미 글, 김창원 옮김, 후쿠다 도요후미 사진, 진선북스)을 활용한다. 상황이 여의치 않거나 어려울 경우, 씨앗 관찰로 대신할 수 있다. 각종 열매나 나무, 꽃의 씨앗 모양을 관찰한다.

준비물

휴대폰(카메라), 독서 공책(종이), 연필, 지우개, 색연필

놀이법

① 길거리나 공원의 화단, 나무나 벽 등을 찾아보면 개, 고양이, 청설모, 다람쥐, 쥐, 까치, 직박구리, 비둘기 등 여러 동물의 똥을 발견할 수 있다. 집 주

변을 다니며 동물의 똥을 찾아본다. 책이나 동물도감을 미리 보고 똥의 생김새를 알아본 후 직접 관찰할 수 있다. 어떤 동물의 똥인지 나중에 도감과 비교해볼 수도 있다.

② 발견한 똥을 사진으로 찍고 발견 장소와 날짜, 시간, 똥의 생김새를 적는다. 그림으로도 그려본다. 촬영한 사진을 보고 나중에 집으로 돌아와 그림을 그릴 수도 있다.

③ 동물의 크기, 서식처, 행동 특성 등 똥을 통해 무엇을 알 수 있는지 생각해본다.

④ 관찰하면서 알게 된 것과 간단한 느낌을 정리하여 관찰 기록문을 써도 좋다.

쥐똥일까? 씨앗일까?

승호가 우진이에게 준 선물이 쥐똥인지 씨앗인지 자신의 생각을 거침없이 써본다. 이 이야기를 모르는 사람에게 자신의 생각을 알려준다는 마음으로 쓴다. 줄거리를 간추려 쓰거나 등장인물을 소개하면서 쓸 수 있다. 왜 쥐똥, 혹은 씨앗이라고 생각하는지 그 이유도 쓴다.

다 쓴 후에는 아이가 스스로 자신이 쓴 글을 읽어보게 한다. 엄마는 아이가 쓴 글의 내용, 글을 통해 나타난 아이의 생각에 반응해준다. 단, "잘했다", "잘못했다"는 평가를 하지 않도록 주의한다. 엄마는 "아, ○○이는 ◇◇◇◇라고 생각하는구나"라고 표현해주면 된다.

아이에게 고치고 싶은 부분이 있는지 스스로 찾아보게 한다. 맞춤법이 틀린 글씨는 쓴 글에 표시하기보다 글 밑에 바른 표기법으로 낱말을 다시 써준다.

정성껏 글을 쓰면서 자신의 생각과 마음을 표현할 수 있음을 느끼게 한다. 엄마는 아이의 생각과 마음을 이해하고 공감해준다. 자신에게 마음을 기울이는 엄마를 보며 아이는 글의 가치를 알게 되고 글쓰기에 흥미를 갖게 된다.

책 날개를 달고
상상의 세계로 훨훨 날아보자

국어 1학년 1학기 5. 생각을 펼쳐요
국어 2학년 2학기 1. 느낌을 나누어요

재클린 윌슨 글 | 닉 샤랫 그림 | 지혜연 옮김 | 시공주니어

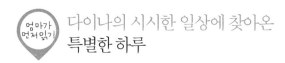

다이나의 시시한 일상에 찾아온
특별한 하루

　다이나는 형제 자매 없이 아빠와 단둘이 사는 아이다. 다이나는 눈을 뜨자마자 불평한다.

　"지겹다, 지겨워."

　그러자 아침부터 일이 꼬이기 시작한다. 우울한 기분으로 학교에 갔는데 마침 박물관 견학을 가는 날이다. 그런데 도시락이 없다. 아빠는 도시락 싸주는 걸 종종 잊기 때문이다.

　어쩔 수 없이 부루퉁한 얼굴로 들어간 자연사박물관에서 다이나는 뜻밖의 사건을 겪는다. 도시락을 싸주는 엄마가 있었으면 좋겠다고 생각한 순간, 살아 있는 커다란 공룡이 나타난 것이다.

이구아노돈이라는 공룡은 다이나를 안고 엄마처럼 흔들어주더니 나뭇잎과 꽃다발, 나뭇가지를 넣어 공룡 도시락을 만들어준다. 또 초록빛이 도는 공룡 주스를 병에 담아준다. 다이나는 기분이 달라진다.

다음 날 아침, 더 신나는 일이 생긴다. 공룡 도시락을 먹은 다이나가 공룡으로 변해버린 것이다. 공룡으로 변한 다이나는 전혀 다른 일상을 경험한다. 더 이상 지겹고 시시할 틈이 없다.

『공룡 도시락』의 지은이는 영국 작가 재클린 윌슨이다. 『잠옷 파티』, 『난 작가가 될 거야!』 등 많은 동화와 청소년 소설을 집필했다. 가족이나 또래 사이에서 느끼는 여자아이들의 감정을 생생하고 활기찬 이야기에 담아낸다.

우울한 상황에도 이야기 속 주인공들은 덤덤하게 현실을 받아들인다. 눈물이나 슬픈 정서에 기대지 않고 자신만의 해결 방법을 찾아 한걸음씩 나아간다. 『공룡 도시락』의 다이나처럼 어려운 현실에 처한 아이일수록 재기 넘치고 톡톡 튀는 에너지를 발휘한다.

초등학교 저학년 시기에는 6, 7세에 상상 놀이로 시작된 상상력이 최고조로 발달한다. 세상 모든 일을 상상의 세계로 끌어들인다. 공룡이 되고 납작이가 되고 사자를 만나는 판타지 동화를 매우 좋아한다.

때로 판타지는 허무맹랑하게 보인다. 하지만 이런 상상을 제대로 즐기려면 아이는 현실이 어떤지 정확히 이해하고 있어야 한다. 현실을 모르고서야 상상의 세계가 황당하고 낯설다는 느낌을 어떻게 알 수 있겠는가. 상상은 자신을 둘러싼 세상을 제대로 알아가는 과정인 것이다. 이 시기에 충분히 상상력을 키운 아이는 이후 합리적인 생각을 하는 발달 단계로 잘 넘어갈 수 있다. 아이가 흥미진진한 판타지 동화를 읽으며 마음껏 상상할 수 있도록 해주자.

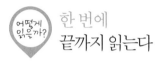

한 번에
끝까지 읽는다

이 책은 읽기 책이지만 글의 양이 많지 않다. 페이지마다 그림이 있어 술술 잘 넘어간다. '처음부터 끝까지 한 번에 읽기' 연습을 하기에 좋다. 아이는 책장이 많은 읽기 책을 처음부터 끝까지 한 번에 읽으면서 성취감을 느끼게 된다. 스스로 읽어냈다는 자신감도 갖게 된다.

아이가 이제 막 배우는 터라 스스로 읽기 어려워할 수도 있다. 그럴 때는 대화 열기 시간에 처음으로 책을 보여주면서 엄마가 끝까지 읽어준다.

그런 다음 다른 독서 활동도 한다. 활동이 끝나면 즐거웠던 기억 때문에 아이는 책을 다시 들춰보게 된다. 그때 처음부터 끝까지 한 번에 읽어보라고 권유하고 격려한다.

대화 열기 시간에 엄마와 끝까지 읽은 기억이 있어 아이도 쉽게 도전해볼 수 있다. 그러기 위해서 독서 활동이 끝난 후에는 항상 책 표지가 눈에 잘 띄도록 가까운 곳에 놓아둔다.

활동 전에 미리 읽었더라도 다시 처음부터 끝까지 읽어주면서 이야기에 흠

뻑 빠져본다. 대화 부분을 아이가 맡아 읽거나 페이지마다 서로 번갈아가며 읽을 수 있다. 아기자기한 그림도 살펴보며 읽는다.

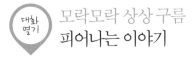

모락모락 상상 구름
피어나는 이야기

책을 다 읽은 후에는 책의 뒤표지에 있는 소개 글을 함께 읽어본다. 다시 책의 내용을 떠올리며 상상의 나래를 펼쳐본다.

"다이나는 한 병 가득 남은 공룡 주스를 어떻게 사용할까?"

"이구아노돈은 어떻게 공룡 주스를 만들었을까?"

"우리가 직접 공룡 도시락을 만든다면 어떻게 만들까?"

"공룡 도시락을 먹고 공룡이 되면 어떤 일이 벌어질까?"

편안하고 자유로운 분위기에서 상상하며 이야기를 나눈다. 아이가 우스꽝스럽거나 엉뚱한 이야기를 해도 잘 들어준다. 공룡으로 바꿀 만한 음식 재료나 엉뚱한 조리법을 상상해본다.

엄마도 엄마 입장에서 어른 공룡이 되어보는 상상을 해본다. 다이나는 어린 공룡이었지만 엄마는 어른 공룡이므로 책에서 보다 더 재미있는 일이 벌어질 수 있다. 엄마가 자주 가는 곳에서 혹은 엄마에게 일어날 수 있는 상황에서 엄마 공룡을 주인공으로 이야기를 만들어본다. 마음껏 상상한 후에 다음 활동으로 넘어간다.

나의 마음
공룡 마음

소녀 다이나와 공룡 다이나의 마음을 알아본다.

준비물

화이트보드, 보드마카, 점착 메모지, 연필

놀이법

① 먼저 화이트보드를 가로로 이등분한다. 위에는 소녀 다이나의 행동과 마음, 아래에는 공룡 다이나의 행동과 마음을 글과 그림으로 표현할 것이다.

② 각 칸의 왼쪽에 소녀 다이나와 공룡 다이나를 그린다. 먼저 엄마가 점으로만 된 작은 눈 한 쌍과 동그라미와 점으로 된 큰 눈 한 쌍을 각각 칸에 그려놓는다. 아이에게 소녀의 얼굴과 공룡의 얼굴 외곽선을 그리게 한다.

책의 그림을 보고 따라 그리게 해도 좋다.

③ 이야기를 나누며 소녀 다이나가 한 일과 공룡이 한 일을 적는다. 그림으로 모두 그리면 시간이 많이 걸리므로 아이가 이야기하는 대로 엄마가 적거나 서로 생각나는 대로 번갈아가며 적는다. 다이나와 공룡을 나눠 맡아 적어도 좋다. 엄마가 아이의 친구가 되어 아이 눈높이에서 생각하며 활동한다.

④ 오른쪽에는 큰 하트를 그린다. 소녀 다이나의 마음속 느낌과 공룡 다이나의 마음속 느낌을 생각나는 대로 적어본다.

⑤ 얼굴, 한 일, 마음이 모두 완성되었으면, 소녀였을 때와 공룡이었을 때를 대조하며 이야기를 나눈다.

⑥ 아이와 엄마로 대상을 확장하여 생각한다.

예) 엄마 : "공룡이 되니 이렇게 다르구나. 우리도 공룡이 되면 달라질까?"

점착 메모지에 아이와 엄마의 이름을 각각 적고 소녀의 얼굴 옆에 붙인다. 일상에서 자주 하는 일과 마음속 느낌을 다른 메모지에 적어 붙인다. 공룡일 때도 같은 방식으로 상상하며 활동한다.

메모지를 함께 읽으며 이야기를 나눈다. 사람일 때와 공룡일 때 행동과 마음이 어떻게 다른지, 왜 다른지 이야기해본다. 그림을 지우지 말고 메모지도 그대로 붙여 두었다가 글쓰기를 할 때 참고한다.

공룡 도시락 만들고
레시피 적기

공룡 도시락을 만들고 레시피를 적어본다.

준비물

냉장고 속 음식 재료들, 도시락 통, 마개가 있는 병, 편지지, 연필

놀이법

① 냉장고에서 나뭇잎, 나뭇가지, 꽃다발과 비슷하게 생긴 음식 재료들을 꺼 낸다. 전혀 다르게 생긴 깻잎, 크래커, 버섯이나 꽃 모양으로 자른 당근, 오이 등도 좋다.

② 어울리지 않는 것들을 쟁반에 모아 놓고 도시락 통에 담아 공룡 도시락을 만든다. 공들여 준비하기보다 있는 대로 모아 엉뚱하게 조합한다. 이때 음식을 버리지 않도록 반드시 먹을 수 있는 재료만 사용한다.

③ 공룡 주스도 만들어 병에 넣는다.

④ 편지지에 공룡 도시락의 재료와 만드는 법을 간략하게 적어 도시락 편지 를 만든다.

⑤ 엄마와 아이가 공룡 도시락을 하나씩 완성하여 서로에게 선물한다. 도시 락 편지도 함께 준다.

⑥ 맛있게 먹고 공룡이 되었다고 상상하며 느낌을 답장에 적는다. 엉뚱한 맛
과 모양을 말이나 글로 표현해본다.

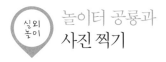

놀이터 공룡과
사진 찍기

놀이터의 기구를 공룡으로 상상하는 놀이다.

준비물

스케치북(뒷면이 하얀 달력), 마커, 휴대폰(카메라), 두꺼운 셀로판테이프, 검은
색·흰색 도화지, 가위

놀이법

① 공룡의 눈을 두 개 이상 만든다. 검은색 도화지와 흰색 도화지에 커다란
동그라미 모양을 그리고 오린다. 흰색 동그라미에 검은색 동그라미를 붙

인다. 눈의 지름이 20cm 이상 되도록 만든다.

② 뒷면에 셀로판테이프를 동그랗게 말아 붙여 어디든 붙일 수 있도록 만든다.

③ 놀이터의 놀이 기구를 공룡이라고 생각하고 공룡의 머리라고 상상되는 부분에 눈을 붙인다.

④ 공룡의 이름을 지어준다. '미끌이사우루스', '터널로고스' 등 상상력을 발휘해 이름을 짓는다. 스케치북에 이름을 쓴 다음 아이에게 들게 하고 공룡과 기념사진을 찍어준다.

⑤ 눈을 떼서 다른 기구에도 붙여보고 다른 공룡의 모양과 이름을 상상해본다. 사진은 저장해두고 글쓰기를 할 때 참고한다.

내가 공룡 도시락을 먹었다면?

아이에게 자신이 이야기 속의 주인공이라면 어떤 일이 벌어질지 상상하여 써보게 한다. 화이트보드에 쓴 것을 참고하거나 활동 내용을 기억하면서 자유롭게 써보게 한다. 공룡이 되면 하고 싶은 것과 그 이유가 무엇인지도 써보게 한다. 다이나는 공룡이 되면서 자신의 억눌려 있던 속마음을 알게 되었다. 아이와 엄마도 공룡이 되면 하고 싶은 것을 상상해 글을 써보면서 자신의 속마음을 알 수 있다. 서로 상대방이 쓴 글을 읽으면서 속마음을 따뜻하게 보듬어주자.

아이의 감성을 깨우는 동시 읽기

국어 1학년 1학기 6. 느낌이 솔솔
국어 1학년 2학기 1. 즐거운 마음으로
국어 2학년 2학기 7. 재미가 솔솔

김미희, 이병승, 박승우 글 | 권태향 그림 | 푸른책들

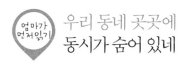

우리 동네 곳곳에
동시가 숨어 있네

학교를 마친 후, 아이들이 헬리콥터를 타고 집에 돌아온다면?

날마다 골목에 웅크리고 앉은 시커먼 괴물을 무찌르는 기사는?

참새도 아니고 개미도 아닌데 자꾸 뒤쫓아오는 아이는?

가만히 있는 척하면서 잘도 변하는 '무궁화 꽃이 피었습니다' 선수는?

즐거운 상상과 생생한 이야기가 담긴 동시집 『난다 난다 신난다』를 만나보
자. 위에서 말한 알쏭달쏭했던 수수께끼들이 스르르 풀린다. 헬리콥터는 신이

나서 뱅글뱅글 돌리는 아이들의 신발주머니, 골목길의 시커먼 괴물은 이것저것 가리지 않고 삼킨 쓰레기봉투, 괴물을 무찌르는 기사는 살금살금 길고양이, 개미 마냥 졸졸 따라다니는 아이는 바로 여동생, '무궁화 꽃이 피었습니다' 선수는 문득 보면 달라져 있는 키 큰 나무를 말한다.

아이들은 때로 멋진 시인이 된다. 평범한 말인데도 아이 입에서 나오면 특별하게 느껴질 때가 있다. 절묘한 표현이 무릎을 '탁' 치게 하며 신선한 웃음을 준다. 동시는 이런 아이의 마음으로 세상을 느끼고 표현한 시로 아이에게 즐거움과 감동을 준다.

엄마와 아이가 함께 동시 세상을 거닐어보자. 눈과 귀와 손이 닿는 어디서나 동시를 찾을 수 있다. 자연과 일상의 재미를 발견하여 아이와 도란도란 이야기하다 보면 저절로 동시를 읊고 있는 듯 느낄 수 있다. 계절이 바뀌는 동네 어귀나 공원에서, 집 앞에서, 책상 위에서, 거울 앞에서 동시 세상을 찾아보자.

푸른 문학상의 새로운 시인상을 수상한 김미희, 이병승, 박승우 시인은 아이의 그것처럼 순진한 호기심과 따스한 감성으로 주변의 자연과 사람과 사물을 바라보며 노래하고 있다.

『난다 난다 신난다』는 저학년부터 고학년까지 어린이들이 두루 공감할 만한 동시들이 담겨 있다. 한 손에 들어오는 작은 책이라 어린이들이 들고 다니며 가벼운 마음으로 읽기 좋다. 각 시마다 정감 넘치고 익살스러운 그림이 그려져 있어 아이의 상상을 북돋운다.

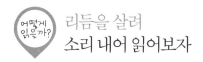

리듬을 살려
소리 내어 읽어보자

아이와 책 제목을 함께 읽고 지은이, 표지, 차례를 살펴본다. 서른여섯 편의 동시를 한꺼번에 읽으려다 보면 자칫 지루해질 수 있다. 앞에서부터 함께 제목을 보며 읽고 싶은 시를 고른다. 아이와 엄마가 번갈아 하나씩 고르면 엄마가 미리 준비한 활동을 진행할 수 있다.

먼저 엄마가 부드러운 음성으로 소리 내어 읽어준다. 알맞은 속도로 말의 묘미와 리듬감을 살려 읽는다. 지나치게 과장하거나 연출하지 않으며 평상시 기분 좋을 때 말하는 정도의 음색으로 읽는다. 동시를 읊는 엄마의 편안한 목소리만으로도 아이의 마음이 스르르 열린다.

아이에게 자신이 고른 시를 소리 내어 읽게 한다. 엄마도 눈을 지그시 감고 아이의 목소리를 듣다보면 저절로 푸근한 마음이 들 것이다. 모르는 글씨가 나와 아이가 머뭇거리거나 더듬더듬 읽더라도 느긋하게 들어준다. 아이가 흥미를 보이면 두어 번 반복하여 읽게 한다.

아이가 동시를 읽지 않으려고 할 때는 함께 읽거나 행마다 번갈아가며 읽어본다. 점차 아이 스스로 읽는 부분을 늘려간다. 짧은 부분이라도 용기 내어 혼자 읽을 수 있게 하면 아이는 자신의 목소리를 들으며 책 읽기에 조금씩 자신감을 갖게 된다. 이때 엄마는 아이를 평가하지 말고 있는 그대로 들어주며 감상해야 한다.

읽고 남은 시에는 책갈피를 끼워 표시한다. 앞으로 어떻게 읽을지 아이와 상의한다. 혼자서 매일 하나씩 읽든지, 내일 읽든지 등의 계획을 점착 메모지에 적어 책 표지에 붙여놓는다. 눈에 잘 띄도록 두었다가 읽기를 모두 마쳤을 때, 아이 스스로 메모지에 마침 표시를 하게 한다.

메모지는 독서 기록장에 붙여놓아도 좋다. 스스로 독서를 계획하고 이루어나가는 과정을 즐기게 한다. 사소한 행동 하나하나가 아이의 자신감으로 쌓인다.

동시 속 상상을 즐기자

"신발주머니로 헬리콥터 만든 적이 있니?"

"길고양이는 어디서 와서 어디로 갈까?"

"여동생이 있다면 뭐하며 놀고 싶니?"

"나무는 누구와 '무궁화 꽃이 피었습니다' 놀이를 할까?"

동시에 나왔던 내용을 가지고 편하게 대화를 이어나간다. 또 마음에 드는 동시를 하나씩 고르고 동시의 장면과 분위기를 상상해본다. 생활 속에서 비슷한 느낌을 받은 적이 있는지 이야기를 나눈다.

아이가 생각하기를 주저할 때는 엄마가 먼저 상상을 즐기며 아이의 상상력을 자극한다.

우연히 만난
낱말들의 시

이번 화이트보드 활동은 엉뚱하게 조합된 낱말들을 이어서 새로운 시를 만들어보는 활동이다. 동시에 나온 어휘와 동시에 숨겨진 뜻, 글의 맥락을 생각할 수 있고 상상력이 풍부해진다. 엄마가 "동시에 나온 낱말을 다르게 연결해서 새로운 시를 지어볼까?"라고 제안하고 다음 순서대로 진행한다.

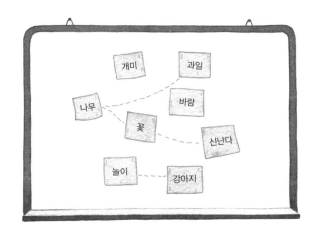

준비물

화이트보드, 보드마카, 점착 메모지

놀이법

① 아이가 시에서 낱말들을 골라본다. 아이가 고른 낱말을 점착 메모지에 하나씩 적는다. 25~30개 정도의 낱말 메모지를 만들고 탁자 위에 뒤집어 놓는다. 가위바위보로 동시 지을 순서를 정한다.

② 글씨가 안 보이는 상태에서 낱말 메모지를 몇 개 골라 화이트보드에 붙인다. 낱말 메모지를 가지런히 붙이기보다 삐뚤빼뚤 붙이면 더 자유롭게 상상할 수 있다. 낱말 개수는 미리 정해놓거나 두 개부터 점차 늘려간다.

③ 붙여놓은 낱말을 이용하여 짧은 시를 만들어본다. 보드마카로 시를 적고 지은이 이름도 적는다. 전혀 상관없던 낱말들이 만들어내는 새로운 시를 함께 읽어보며 즐긴다. 엉뚱하고 연결이 부자연스럽더라도 연결 지을 만한 의미를 찾아본다. 제목을 함께 고민하여 붙여본다.

④ 글씨가 보이도록 휴대폰으로 사진을 찍고 메모지를 모두 뗀다. 다음 순서인 사람이 다시 메모지를 골라 활동한다.

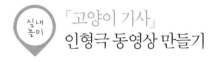

「고양이 기사」
인형극 동영상 만들기

동시 「고양이 기사」를 인형극 동영상으로 만들어본다.

준비물

스케치북(도화지), 크레파스, 잡지, 풀, 가위, 이쑤시개, 나무젓가락, 검정 비닐, 양면테이프(셀로판테이프), 동영상 촬영 가능한 휴대폰(디지털 카메라)

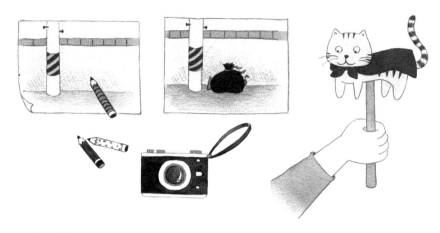

놀이법

① 스케치북에 동시의 배경이 되는 담장과 전봇대가 있는 골목길을 그린다. 잡지에서 과자 상자, 샴푸, 음식 그림 등을 골라 오린다. 생선 뼈 사진도 찾아 오린다. 만약 없으면 그림으로 그려 오리면 된다.

② 배경과 어울리도록 쓰레기봉투 모양으로 검정 비닐을 오린다.

③ 잡지에서 오린 상품 사진을 골목길 한쪽, 전봇대 옆에 모아 붙인 후, 오려 놓은 검정 비닐로 덮고 양면테이프로 붙인다. 생선뼈 그림은 나중에 뺄 수 있도록 종이에 붙이지 말고 그냥 비닐 아래에 넣어둔다. 이렇게 완성하면 골목길에 쓰레기봉투가 버려진 장면이 된다. 쓰레기봉투에 칼자국을 내 나중에 고양이가 생선뼈를 꺼낼 수 있게 한다. 쓰레기봉투에 눈알을 그려 붙여 괴물처럼 보이게 해도 좋다.

④ 고양이 기사 그림을 그리고 오린다. 발톱 하나에 이쑤시개를 잘라 붙인다. 쓰레기봉투를 발톱으로 가르는 장면을 연출할 수 있도록 한다. 또 다른 발이나 입에 양면테이프를 붙여 생선뼈를 붙여 가져갈 수 있도록 한

다. 고양이 그림 뒤에는 나무젓가락을 붙여 사람이 붙잡을 수 있게 한다.

⑤ 동시를 읽고 내용을 상상하면서 대사를 만들어 연습해본다. 아이가 고양이 기사 역할을 맡았으면 엄마는 사과 껍질이나 샴푸의 요정을 맡는다. 이쑤시개로 살짝 건드리면 비닐이 벗겨진 것처럼 보이도록 비닐봉지의 배를 미리 갈라놓은 후 덮어놓는다.

예) 고양이 기사 : 시커먼 괴물! 샴푸의 요정을 내 놔라.

고양이 기사가 비닐을 벗기면 샴푸의 요정이 나타난다.

샴푸의 요정 : 아휴! 살았다. 하마터면 배 속 감옥에 평생 갇힐 뻔 했네.

고양이 기사가 생선뼈를 찾아 담장을 넘는다.

⑥ 충분히 연습했으면 휴대폰으로 동영상을 찍으며 만화를 연기하고 연출한다.

⑦ 녹화된 내용을 보며 감상을 나눈다.

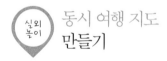

동시 여행 지도 만들기

동네에 숨은 동시를 찾아 여행 지도를 만든다.

준비물

도화지, 크레파스, 메모지, 필기도구

놀이법

① 집과 도로, 학교, 상가, 놀이터, 공원, 산 등이 나타나게 간략한 동네 지도
   를 그린다.

② 메모지에 개미, '무궁화 꽃이 피었습니다' 선수 나무, 등굣길 등 동시에
   나온 낱말을 적는다. 산길, 들길, 강아지, 까치집, 빗방울, 아지랑이, 산들
   바람 등 동시 느낌이 나는 낱말도 적는다.

③ 동네를 걸어 다니며 낱말에 해당되는 것을 찾아보며 표시한다. 개미를 발
   견하면 지도에서 장소를 찾아 표시한다. 나무의 변화를 살펴보고 '무궁
   화 꽃이 피었습니다 나무' 라고 표시할 수도 있다. 산들바람이 부는 곳에
   서서 '산들바람 지나는 곳' 이라고 표시할 수도 있다. 동시에 나오지 않더
   라도 동시 느낌이 나는 곳을 찾으면 장소 이름을 짓고 지도에 표시한다.
   이렇게 엄마와 함께 동시 여행 지도를 완성한다.

④ 다음에 엄마와 동시 여행 지도를 들고 같은 장소를 찾아가본다. 혹은 아
   빠와 산책하며 동시 여행을 안내한다.

즐거운
나의 시

어떤 글을 쓸지 아이와 상의한다. 엄마는 아이가 자신의 느낌대로 자유롭게
글쓰기를 하도록 격려한다. 아이의 마음을 표현한 동시를 쓰거나 동시를 읽고

난 후 느낌을 쓸 수 있다. 또 실내 놀이나 실외 놀이 경험을 글로 쓰거나 동시로 쓸 수도 있다.

아이가 동시 쓰기를 어려워할 때는 다음과 같이 지도한다.

① 글감을 찾는다. 방금 겪은 일일수록 쓸거리가 풍부하다.

② 생생한 느낌을 살려 생각나는 대로 쓰게 한다.

③ 줄일 수 있는 말을 줄이고, 행과 연을 나눠본다.

④ 흉내 내는 말이나 재미있는 표현을 넣어 느낌을 살린다.

⑤ 완성된 동시를 소리 내어 읽으며 함께 감상한다.

우리나라 그림책 • 『손 큰 할머니의 만두 만들기』

우리네 정서와 흥을 읽고 공감하기

국어 1학년 2학기 7. 상상의 날개를 펴고(듣기 자료)
국어 2학년 1학기 1. 느낌을 말해요

채인선 글 | 이억배 그림 | 재미마주

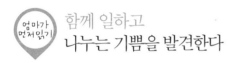

함께 일하고
나누는 기쁨을 발견한다

　뭐든지 엄청 많이, 엄청 크게 한다는 손 큰 할머니는 그 등장부터 예사롭지 않다. 머리에는 커다란 바구니와 함지박을 겹겹이 이고, 겨드랑이에는 주걱과 홍두깨를 끼고, 양손에는 둥근 고무 통을 잔뜩 들었다. 꼬불꼬불 머리카락, 붉은 스웨터와 빨강 셔츠, 밤색 바지에 털 고무신, 뭔가 큰일을 하실 차림새다. 일할 생각에 벌써부터 신바람이 나는지 얼굴에는 함박웃음이 가득하다. 어디선가 본 적 있는 우리네 일 잘하는 할머니의 모습 그대로다. 할머니에게선 첫인상부터 정감이 느껴진다.

2부. 문학의 즐거움

그 할머니가 설날 만두를 빚는단다. 숲 속 동물들 모두 배불리 먹고, 소쿠리에 담아 나눠 갖고, 일 년 내내 냉장고에 넣어두고 먹을 만큼 많이 말이다! 부뚜막 근처에 오종종히 모인 동물들이 할머니를 돕는다고 나선다. 땅에 묻은 독에서 김치를 꺼내고, 숙주를 삶고, 두부와 고기를 준비한다. 만두소가 너무 많아 집채보다도 높게 쌓인다. 헛간 지붕을 엎어 놓고 그 안에 버무릴 정도다. 밀가루 반죽은 점점 늘어나 언덕 너머까지 넘쳐난다. 동물들은 겨울잠 자던 친구들과 가족들을 모두 데려온다.

숲에 사는 동물들이 모두 모여 만두를 빚는다. 조물조물 만두 빚기는 재미있고 신난다. 하지만 하루, 이틀, 사흘, 나흘, 닷새, 엿새를 지나 이레가 지났는데도 만두소 더미의 바닥이 보이지 않는다. 이걸 어쩌나. 동물들은 모두 그만 지쳐버린다. 이때 손 큰 할머니는 묘안을 떠올린다. 바로 아주 커다란 만두를 만드는 것! 만두 빚기는 더 즐거운 한바탕 잔치가 된다.

『손 큰 할머니의 만두 만들기』는 늘 싱글벙글 흥겹게 일하는 할머니와 숲 속 동물들이 함께 어울려 만두를 빚는 이야기이다. 과장과 익살이 넘치면서도 아기자기하며 할머니 품처럼 푸근하다. 커다란 가마솥에서 익어가는 만두 냄새가 그림 바깥까지 풍겨 나오는 듯하다. 넉넉한 인심에 마음이 부뚜막 온기처럼 따뜻해진다.

이 책은 채인선 작가가 글을 쓰고 이억배 작가가 그림을 그린 창작 그림책으로 오랫동안 아이들의 사랑을 받아왔다. 우리 삶의 모습이 그대로 담겨 있어 읽다 보면 작은 동물의 손짓 하나에도 선뜻 마음을 내주게 된다. 너무 재미있어 이야기에 푹 빠지게 된다.

1학년 읽기 교과서에 듣기 자료로 수록되어 있다. 교과서에는 본문 없이 그림의 일부만 제시되었다. 그런 만큼 그림책을 통해 글과 그림을 꼼꼼하게 읽어보면서 작품을 제대로 감상해보자.

그림책은 아이가 만나는 첫 번째 예술 작품이다. 그림책의 그림들은 한 장 한 장 예술성을 지니고 있다. 또 음악처럼 처음부터 끝까지 하나의 연결된 흐름을 가지고 있다. 그림책에서는 글뿐만 아니라 그림도 이야기를 전한다. 아이는 구석구석 숨어 있는 그림들의 이야기에 빠져들면서 즐거움을 느끼고 아름다움을 감상하는 미적 체험을 하게 된다. 그림책은 아이의 감성을 깨우고 예술 감각을 자극한다.

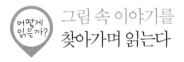

그림 속 이야기를 찾아가며 읽는다

예외도 있지만 그림책은 앞표지와 뒤표지를 펼치면 하나의 연결된 그림이 된다. 그림책을 소개할 때는 책의 앞표지에서 제목과 지은이를 읽은 후, 뒤표지를 펼쳐 한 장면으로 연결해서 본다. 이렇게 앞표지와 뒤표지를 펼치면 두 배로 넓어진 큰 표지 그림을 볼 수 있다. 표지 그림을 보며 엄마가 아이에게 물음을 던져 등장인물과 주요 사건을 예상하고 분위기를 감지하며 궁금증을 갖게 한다.

"어떤 이들이 이 책에 등장하나?"

"뭘 하고 있지?"

"이상하다. 반죽이 왜 이렇게 많지?"

표지에는 할머니와 동물들이 밀가루 반죽을 하고 신나게 만두를 옮기는 그림이 펼쳐진다. 원래 한 장면이 아니지만 두 그림이 어우러져 이야기의 흥거운 분위기를 잘 보여준다. 뒤표지에는 짧은 소개 글이 있으니 함께 읽고 본문으로 들어가도 좋다.

그 다음 속표지의 동물들 그림을 살펴본다. 속표지의 동물들은 모두 웃음을 머금고 한 방향으로 걸어가고 있다. 이 그림은 동물들이 무엇을 향해 달려가는지 궁금증을 자아낸다. 엄마는 물음을 던져 아이의 궁금한 마음을 읽어주자.

"동물들이 어디로 서둘러 가고 있을까? 궁금하다."

본문이 시작되면 엄마는 알맞은 속도로 글을 읽어간다. 엄마의 목소리를 들으며 아이는 그림을 살펴보게 된다. 엄마도 그림을 세세히 살펴보도록 한다. 그림에는 글에 없는 이야기가 담겨 있다. 예를 들어 각 동물들이 무슨 일을 했는지, 어떤 마음인지는 그림으로만 알 수 있다.

할머니와 동물들이 일하며 부르는 만두 노래는 가락을 넣어 노래 부르듯 읽어본다.

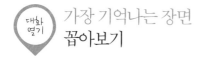

가장 기억나는 장면
꼽아보기

책장을 다 넘기면 한바탕 만두 잔치를 벌이고 상을 무른 기분이 든다. 가장 기억나는 장면을 딱 하나만 꼽아보자. 문득 떠오르는 한 장면도 좋고 곰곰이 생각해 고른 한 장면도 좋다. 장면을 다시 펼친 후, 아이와 이야기를 나눈다. 왜 골랐는지 이유를 묻기보다 장면을 다시 감상한다는 기분으로 이야기를 나눈다. 아이가 논리적인 질문을 했을 때는 이유를 물어보고 생각을 넓히는 것이 좋지만, 느낌에 대해서는 그 이유를 꼬치꼬치 물어보지 말자. 아이는 좋은 장면, 기억나는 장면을 고른 뚜렷한 이유는 말하기 어렵다. 그냥 마음에 드는 것이다. 공감하며 좋아하는 느낌을 서로 나누다 보면 저절로 속마음이 드러난다.

　엄마 : "커다란 가마솥에서 만두가 익으니까 더 맛있어 보인다."

　아이 : "네. 나는 캠핑 갔을 때 같아요."

　엄마 : "아, 우리 캠핑 갔을 때 생각이 났구나."

내 이야기를 들어볼래?

　동물의 입장에서 이야기를 재구성한다. 이미 이해한 이야기를 새로운 관점으로 바라보면서 이해력과 논리력, 상상력을 키울 수 있다. 이야기를 음성 녹음해서 간직하면 좋다.

준비물
화이트보드, 보드마카, 음성 녹음 기능이 있는 기기(휴대폰 혹은 카세트 라디오나 MP3 등)

놀이법

① 화이트보드에 '손 큰 할머니와 동물들의 만두 만들기' 라고 쓰고, 가운데
   에 만두를 하나 그린다.

② 아이와 그림책의 내용에 대해 이야기를 나눈다.

　엄마 : "만두는 누가 만들었지?"

　아이 : "손 큰 할머니."

　만두 옆에 '손 큰 할머니' 라고 쓰거나 할머니 얼굴을 간단히 그린다.

　엄마 : "할머니 혼자서는 못 만들지. 또 누가 함께 만들었지?"

　아이 : "너구리, 호랑이, 다람쥐, 뱀, 곰……."

　만두 그림을 중심으로 동물들의 이름을 쓰거나 그림을 그린다.

③ 엄마는 손 큰 할머니가 되어 이야기한다. 책을 보며 이야기하고 음성을
   녹음한다. 이때 너무 길게 이야기하지 않도록 주의한다.

　예) 내 이야기 들어볼래? 나는 손 큰 할머니란다. 뭐든지 엄청 많이 크게 만들지.
　　　이제 곧 설날이라서 만두를 만들 거야.

④아이는 동물 하나를 골라 동물의 입장에서 이야기한다. 그림을 보며 이야기하다 보면 글에 없는 이야기도 하게 된다. 이것 역시 음성 녹음을 한다. 다시 들어보며 글에 없던 이야기를 발견해본다 .

예) 내 이야기 들어볼래? 나는 호랑이야. 어느 날 숲 속에서 놀다가 할머니 부엌에 가보았단다.

⑤그림책을 살펴보며 재미있을 만한 동물을 골라 더 이야기해본다.

⑥음성 녹음 파일은 저장했다가 글쓰기에 활용한다.

만두 노래 만들어 부르기

실내놀이

그림책의 만두 노래 가사에 가락을 붙여본다. 세 개의 노래에 각각 다른 노랫가락을 붙여본다. 잘 아는 노랫가락에 만두 노래 가사를 붙여 새로운 노래를 만들어보기도 한다.

준비물

화이트보드(종이), 보드마카(연필)

놀이법

①분위기가 비슷한 노래를 찾아 아이와 함께 불러본다. 화이트보드에 가사를 적는다. 인터넷에서 가사를 찾아 인쇄할 수도 있다.

② 그 아래에 만두 노래 가사를 적는다. 엄마와 아이가 함께 불러보고 가사가 잘 맞지 않는 부분은 고친다.

③ 노래를 녹음하여 파일로 저장해둔다. 만두를 좋아하는 음식으로 바꾸어 다른 노래를 만들 수도 있다.

바람 만두 만들기

비닐봉지로 커다란 바람 만두를 만드는 활동이다. 집 안에 모아둔 다양한 크기의 비닐봉지를 준비한다. 엄마가 아이에게 바깥에 나가 비밀봉지에 바람을 넣은 바람 만두를 만들자고 제안한다.

비닐봉지

준비물

다양한 크기의 비닐봉지

놀이법

① 비닐봉지에 바람을 넣고 입구를 묶어 바람 만두를 만드는 놀이다.

② 비닐을 들고 바람이 부는 방향으로 달려 되도록 공기를 많이 넣는다.

③ 커다란 비닐봉지로 큰 만두도 만들어본다.

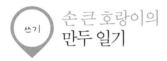

손 큰 호랑이의
만두 일기

쓰기

아이가 동화 속 호랑이가 되어 만두 일기를 써본다. 이야기 속 호랑이가 한 일, 만두를 만들며 느꼈던 느낌을 상상하며 쓴다. 이야기 속에서는 이레가 넘는 시간이 흘렀지만 중요한 날을 골라 두세 개를 적어도 좋고 하루의 일기를 자세하게 써도 좋다.

하루의 일기를 쓰기 전에는 그날 어떤 일이 있었는지 함께 엄마와 이야기한다. 저학년 시기에는 시간 개념이 정확하지 않아서 상상해서 일기를 쓰려면 혼란스러울 수 있다. 아이가 어려워할 때에는 생각나는 대로 호랑이의 이야기를 써보거나 화이트보드 활동에서 녹음했던 내용을 글로 옮겨 적어보도록 한다.

아름다운 그림책에 담긴 겸허하게 소망하는 법

슬기로운 생활 2학년 2학기 1. 낮과 밤이 달라요
국어 2학년 1학기 3. 이런 생각이 들어요

제인 욜런 글 | 존 쇤헤르 그림 | 박향주 옮김 | 시공주니어

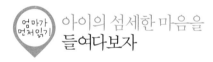

아이의 섬세한 마음을
들여다보자

　추운 겨울밤, 아이는 아버지와 부엉이를 만나러 나선다. 온 세상이 눈으로 소복이 덮여 있고 달빛까지 밝아 하늘은 환하다. 슬픈 노래와도 같은 기적 소리가 저 멀리서 지나가고 아이와 아빠는 눈에 발자국을 내며 어두운 숲을 향해 간다.

　아이는 얼마나 오랫동안 이때를 기다렸는지 모른다. 그래서 뒤따르기 힘들어도 아빠를 소리쳐 부르지 않는다. 부엉이를 만나러 나올 때에는 조용히 해야 하니까…….

시커먼 소나무 숲에서 다다르자 아빠가 하늘을 올려다본다. 하늘의 지도를 읽는 듯, 별자리를 찾는 듯 신비스럽게 보인다. 아빠는 큰뿔부엉이처럼 부엉이 소리를 내어 부엉이를 부른다. 그러나 귀 기울여보아도 부엉이는 아무런 대답이 없다.

오빠들이 아이에게 말한 적이 있다. 부엉이를 본 날도 있고 못 본 날도 있다고. 아이는 실망하지 않고 아빠를 따라 다시 걷는다. 코와 볼이 얼 정도로 춥지만 한마디 불평도 하지 않는다. 아이는 스스로 마음을 다잡는다. 부엉이를 만나러 나올 때는 제 몸을 따뜻하게 할 줄 알아야 하고, 어두운 숲이 두려워도 용감해져야 한다고.

어느 달빛 쏟아지는 빈터에서 아빠는 다시 부엉이를 부른다. 부엉이의 대답이 들린다. 아빠와 부엉이는 주거니 받거니 대화를 나누는 듯하다. 그리고 그곳에서 아이는 커다란 부엉이와 조우한다.

아이는 아빠 품에 안겨 돌아오지만, 마음은 훌쩍 자랐다. 아이는 큰 세상 앞에서 겸허하게 소망하는 법을 배웠다.

『부엉이와 보름달』에서는 제인 욜런의 서정적인 글이 차갑고 고즈넉한 겨울 숲의 분위기를 가슴까지 전해준다. 그림을 그린 존 쉔헤르는 1988년 이 작품으로 칼데콧 상을 받았다. 그의 수채화는 맑지만 결코 여리지 않다. 정적이면서도 역동적이고 드라마틱하다. 이 책을 통해 글과 그림이 어우러지며 만들어내는 아름다운 세계를 충실히 감상하자. 겨울밤 부엉이와의 추억을 가슴에 담는다면, 아이는 책 읽기의 맛을 결코 잊지 못할 것이다.

다른 나라 그림책을 보면서 아이는 상상력 넘치는 다양한 이야기를 접할 수 있다. 이런 그림책들은 아이의 생각을 트이게 하고 따뜻하고 즐거운 웃음을 선사한다. 또 가슴 깊은 곳을 울리며 감동을 준다.

엄마가 그림책을 펼칠 때, 아이는 부엉이를 보러 가는 주인공처럼 새로운 세상으로 한 걸음씩 나아간다. 미지의 큰 세상이 주는 감동과 즐거움은 아이를 한 뼘 더 자라게 한다.

서양에서는 부엉이를 '지혜의 상징'으로 여긴다. 아름답고 다양한 그림책으로 지혜의 상징인 부엉이를 만나게 해주자. 그리고 『부엉이와 보름달』에 나오는 아이와 아빠처럼 대화를 나눠보자. 규칙이나 방법에 얽매이지 말고 마음을 열고 이야기한다.

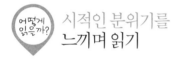

시적인 분위기를 느끼며 읽기

제목과 지은이를 읽고 앞표지와 뒤표지를 넓게 펼쳐 보여준다. 이 책의 표지 그림은 부엉이와 보름달이 함께 있는 유일한 장면이다. 아이와 함께 밤의 고요함을 느끼며 어떤 상황인지 상상해본다. 부엉이를 만나기 전인지 후인지도 생각해본다. 높이 뜬 부엉이는 무슨 생각을 할지, 아빠와 아이가 손을 맞잡으면서 어떤 느낌이 들지도 이야기를 나눠본다. 그 다음 짙은 회색 면지와 속표지 그림도 살펴본다.

엄마는 조용한 분위기에서 부드러운 음성으로 글을 읽어준다. 본문이 시작되면 되도록 다른 말은 하지 않고 본문만 읽는다. 아이가 찬찬히 그림을 보며 이야기에 몰입할 수 있도록 돕는다.

주인공의 움직임과 배경, 분위기, 먼 곳의 기차, 어두운 나무 구멍 속 짐승, 숨은 흰 토끼 등을 찾아보려면 느긋해야 한다. 한 장면의 본문 글을 다 읽고 나면 조용히 그림만 보는 조용한 시간을 잠깐씩 주어도 좋다. 다만 이야기의 흐름이 끊기지 않도록 주의한다.

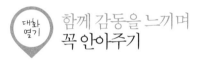

함께 감동을 느끼며
꼭 안아주기

몰입이 잘되면 책장을 덮었을 때 여운이 길게 남는다. 섣불리 대화를 꺼내기보다 아이의 손을 꼭 잡거나 가만히 안아주며 감동을 나누자. 서로의 느낌이 풍부해지도록 오랫동안 안고 있어본다. 마지막 장면이 아빠가 아이를 안고 돌아오는 장면이므로 몰입이 덜 되었다 해도 자연스럽게 연결할 수 있을 것이다.

마음으로 감동이 뭉클하게 전해졌다면 더 이상 아무 이야기를 하지 않아도 좋다. 뭔가 느낌을 나누고 싶을 때는 다시 보고 싶은 장면을 하나씩 찾아본다.

 **부엉이 그리기**

엄마와 아이가 힘을 모아 커다란 부엉이를 그려본다. 28~29페이지에 나온 그림을 따라 그린다.

준비물

화이트보드, 보드마카, 손전등

놀이법

① 화이트보드에 부엉이의 형태를 크게 그린다.

② 책을 보며 머리와 날개, 몸, 발톱을 그린다. 각자 부분을 나눠 세부 묘사를 한다.

③ 각자 맡은 부분을 다 그리면 눈, 코, 입은 함께 그린다.

④ 방의 등을 끄고 손전등으로 부엉이를 비춰본다.

⑤ 함께 그림을 그리고 부엉이를 비춰본 느낌을 이야기해본다.

부엉이 책 만들기

실내놀이

부엉이는 어떤 새인지 자료를 통해 알아보고 작은 책을 만든다. 백과사전이나 도감, 인터넷에서 부엉이에 대한 정보를 찾아본다.

준비물

A4 크기 종이, 필기도구

놀이법

① 부엉이에 관한 자료를 조사한다.

② A4 크기 종이를 작은 책 모양으로 접는다.

③ 앞뒤의 표지를 빼고 남은 여섯 페이지에 어떤 내용을 적을지 정한다. 마인드맵을 이용해도 좋다.(3부 · 고구려 마인드맵 방법 p146 참조)

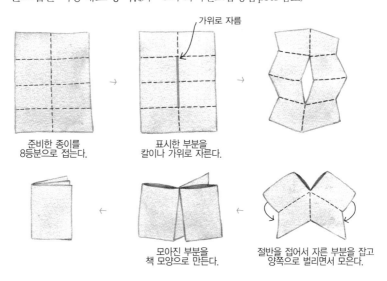

가위로 자름

준비한 종이를
8등분으로 접는다.

표시한 부분을
칼이나 가위로 자른다.

절반을 접어서 자른 부분을 잡고
양쪽으로 벌리면서 모은다.

모아진 부분을
책 모양으로 만든다.

④ 각 페이지에 내용을 간추려 적는다.

⑤ 어울리는 책 제목을 붙인 뒤, 지은이 이름을 적고 작은 책을 완성한다.

산새 소리
모으기

새를 만나러 가까운 산에 간다. 부엉이가 있는 동물원에 가보아도 좋다.

준비물

휴대폰(녹음을 하거나 사진, 동영상을 찍을 수 있는 기기), 필기도구, 수첩, 물

놀이법

① 새를 만날 수 있는 가까운 산을 정한다.

② 간편한 복장으로 산에 오른다.

③ 새가 나타날 만한 곳에서 조용히 새소리를 듣는다. 새소리를 흉내 내는 말을 수첩에 적어본다. 새소리를 녹음하거나 새가 노래하는 모습을 사진 또는 동영상으로 찍어본다.

④ 새의 생김새를 관찰하고 소리를 듣고 새 이름을 찾아본다. 도감이나 인터 넷을 이용한다.

⑤ 자료를 한곳에 정리한다. 글쓰기를 하며 경험과 느낌을 정리할 수도 있 다.

부엉이에게
편지 쓰기

이야기 속 부엉이에게 편지를 써본다. 주인공과 자신의 마음을 생각하며 아이가 하고 싶은 말을 자유롭게 써 내려가게 한다. 아이가 글을 너무 짧게 쓰고 끝내는 경우에는 아이가 쓴 편지 아래에 엄마가 답장을 써준다. 이때 엄마는 부엉이가 되어 글을 쓴다.

엄마는 아이가 누구와 부엉이를 만나러 가고 싶은지, 부엉이를 만난다면 어떤 기분이 들지 물음을 던지고 답장을 해달라고 부탁한다. 아이는 다시 답장을 쓰면서 연속적으로 생각을 이어나갈 수 있다.

다른 글쓰기 활동을 할 때도 이 방법을 응용하면 아이의 쓰기 호흡을 점차 늘려갈 수 있다.

3부
비문학의
흥미진진함

수학 『수학 도깨비』
과학 『지렁이가 흙똥을 누었어』
환경 『재활용 아저씨 고마워요』
미술 『샤갈』
역사 · 인물 『고구려를 세운 영웅 주몽』
사회 · 문화 『할머니, 어디 가요? 쑥 뜯으러 간다!』

이야기 속에 숨어 있는
수학의 원리를 찾아보자

수학 1학년 1학기 3. 여러 가지 모양 | 4. 더하기와 빼기 | 5. 비교하기
수학 1학년 2학기 3. 10을 가르기와 모으기 | 4. 덧셈과 뺄셈 | 5. 시계

서지원 글 | 우지현 그림 | 와이즈만북스

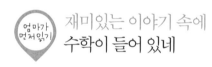

재미있는 이야기 속에
수학이 들어 있네

엄마가
먼저읽기

여름방학을 맞은 동이, 앵두, 아영, 성조는 도깨비를 찾으러 숲으로 간다. 아
이들은 출출해서 가져온 초콜릿을 나눠 먹으며 자연스럽게 숫자 가르기를 한
다. 이때 동이는 산딸기 많이 따기 시합을 제안한다.

동이는 산딸기를 더 많이 따고 싶어 혼자 있다가 앵두로 변한 도깨비를 만난
다. 도깨비는 동이에게 10을 이용한 덧셈과 뺄셈을 알려주고 슬며시 사라진다.
동이는 고개만 갸웃거린다.

더워진 아이들은 개울가에서 물장난을 하다가 돌로 소원 탑을 쌓기로 한다.

이번에는 아영이가 수학 도깨비를 만난다. 도깨비는 동이로 변해 규칙에 따라 돌멩이 모양 놓기 게임을 하자고 한다. 아영이는 게임을 하면서 모양과 색의 규칙을 알게 된다.

아이들은 숲 속 이상한 집에 들어가 친구로 변한 도깨비와 비교하기를 익히고, 시계 읽는 법도 알게 된다.

『수학 도깨비』는 이야기를 통해 1학년 수학의 기초를 익힐 수 있는 책이다. 수학 도깨비가 아이들의 친구로 변해 수학을 가르쳐주고 홀연히 사라진다는 설정이 흥미롭다. 비교적 이야기가 단순하고 수학의 원리도 간단하게 제시되어 있어 교과 학습과 연결하여 읽기에 무리가 없다.

아이들은 이야기를 통해 수학의 원리를 쉽게 이해할 수 있다. 생활 속에서 수학의 원리가 어떻게 사용되는지 알게 되고, 수학 원리를 몰랐을 때 느끼는 궁금증에 대해 공감하게 된다. 또 문장으로 표현된 수학 개념이나 원리를 이해함으로써 수리력, 논리력과 함께 종합적 사고 능력을 키울 수 있다.

수학 동화책은 이야기로 푼다고 해서 수학을 마냥 쉽게 제시하는 것은 아니다. 아이는 오히려 이야기 이해하랴, 수학의 원리 깨치랴 더 복잡하게 느낄 수 있다. 이야기를 이해하는 것도 수학 개념을 이해하는 것 못지않게 복잡한 두뇌 활동이기 때문이다. 수학의 원리와 개념을 익히고 구조를 파악하기 위해서는 단순한 이야기에 하나의 원리가 충실히 반영된 책이 좋다.

또한 아이가 이야기를 이해했다고 수학 개념을 완전히 익힌 것으로 간주하기는 어렵다. 반드시 수학 자체만 가지고 심화 학습을 해야 한다. 수학 동화는 아이가 흥미롭고 친숙하게 수학과 가까워지도록 도울 뿐, 만병통치약은 아니다. 수학 동화는 아이가 수학을 친근하게 느끼게 하는 징검다리로만 사용하자.

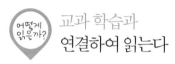

교과 학습과
연결하여 읽는다

책을 소개한 후 제목과 표지, 지은이를 살펴보고 차례를 본다. 주인공 소개란을 읽은 후, 아이들과 도깨비가 어떤 일을 할지 소제목과 연결하여 상상해본다.

처음에는 이야기의 흐름을 파악하며 끝까지 읽는다. 엄마가 알맞은 속도로 읽어준다. 그 다음 아이와 함께 곧 배울 수학 교과 단원과 관련된 이야기를 고른다. 교과서의 단원도 펼쳐서 연관성을 확인한다. 바둑알이나 단추, 숫자 카드, 자, 시계 등 필요한 자료를 함께 준비한다.

본문 중 수학의 원리가 나오는 부분은 엄마가 천천히 읽으며 아이가 이해할 수 있도록 돕는다. 아이와 함께 주인공처럼 시계, 자 등을 사용해보면서 내용을 확인한다. 교과서와 연결하여 실력을 다질 수 있는 문제를 함께 풀어본다.

아이가 수학의 원리를 깨쳤으면 본문을 다시 읽게 한다. 대화 글을 나눠 읽거나 본문을 설명하듯이 읽게 한다. 반복해서 읽게 해 원리를 말로 표현하는 데 익숙해지도록 한다.

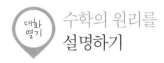

수학의 원리를
설명하기

충분히 읽고 난 후, 아이에게 자신이 이해한 대로 수학의 원리를 설명해보도록 한다. 엄마도 설명해본다. 두 설명을 비교하며 아이가 올바르게 이해하고 있는지 파악한다. 아이가 잘 이해했으면 심화 학습을 진행한다.

가르고 모으기 선생님이
되어보자

책을 보며 이해한 집합수의 개념을 숫자로 나타내본다. 아이가 가르고 모으기 선생님이 되어 엄마가 가르고 모은 것을 숫자로 나타낸다.

준비물

화이트보드, 보드마카, 점착 메모지, 가위

놀이법

① 점착 메모지 20장을 오려 참외와 수박을 10개씩 만든다.

② 화이트보드에 참외 10개를 붙이고 개수를 센 다음 숫자 '10'을 쓴다.

③ 엄마가 참외 10개를 두 무리로 나눠 붙인 후 아이에게 질문한다.

　　엄마 : "가르고 모으기 선생님, 숫자로 어떻게 나타내나요?"

④ 아이는 참외의 개수를 세어 숫자로 나타낸다. 연산기호를 이용해 수식을
　　적어본다.

　　예) 3, 7, 3+7, 3+7=10

⑤ 수박 메모지로는 뺄셈을 연습한다.

　　예) 10 − 6 = 4

⑥ 역할을 바꾸어가면서 여러 숫자 조합이 생기도록 연습한다.

숫자 카드 게임

숫자 카드 뒤집기 게임이다. 카드 두 장을 뒤집은 다음 숫자를 합쳐서 10이
되면 카드를 가져간다. 게임을 통해 숫자 10의 개념을 쉽게 익힐 수 있다.

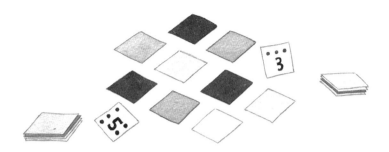

준비물

종이 카드, 크레파스

놀이법

① 종이 카드에 1부터 9까지 숫자를 쓰고 숫자만큼 동그라미를 그린다. 1에
   서 9까지 9장의 카드를 2벌 만든다.

② 숫자 카드를 모두 뒤집어서 바닥에 깔아놓는다.

③ 가위바위보를 하여 이긴 사람이 먼저 카드를 뒤집는다.

④ 숫자 카드 2장을 뒤집은 다음 숫자를 합쳐서 10이 되면 카드를 가져간다.
   10이 되지 않으면 다시 그 자리에 뒤집어 놓는다. 카드의 숫자와 자리를
   기억했다가 자기 순서가 되었을 때 10을 만든다.

⑤ 숫자 카드를 많이 모은 사람이 이긴다.

열 개 주머니
만들기

검정 비닐봉지를 준비해 공원이나 놀이터, 숲으로 간다. 각자 자신의 비닐 봉지에 물체를 모은 다음, 상대방이 모은 물체와 같은 종류의 물체를 찾아 10개를 채우는 놀이이다. 상대방이 어디서 물체를 구했는지 알아내는 것이 게임의 묘미이다. 10개를 채우면서 10 가르고 모으기를 자연스럽게 복습할 수 있다.

준비물

검정 비닐봉지

놀이법

① 물체를 모을 장소에서 어디까지 다닐지 범위를 정한다.

② 각자 흩어져 비닐봉지에 물체를 10개 이하로 모아온다.

③ 만나서 비닐봉지를 바꾼다.

④ 같은 종류의 물체를 더 모아 10개를 채워온다. 예를 들어 도토리 5개가 들어 있으면 도토리를 5개를 더 찾아 비닐봉지에 담아오면 성공이다.

⑤ 10개를 빨리 모은 사람이 이긴다.

내가 가르고 모은
10 이야기

숫자와 그림으로 알아본 가르기와 모으기에 대해 글로 써본다. 수식을 문장과 상황, 경험으로 표현하면서 문장 문제에 익숙해진다. 활동에 나왔던 참외 메모지나 솔방울 등을 이용한다. 함께 읽어보고 수식으로도 나타낸다.

시계 읽는 법, 길이와 높이 비교하기 등 다른 원리도 학습한 후 글로 써본다. 동생이나 친구, 책 속 주인공이나 상상의 인물을 대상으로 정해서 이야기하듯 풀이한다. 먼저 말로 이야기해본 후 글로 써본다. 되도록 간단하고 정확한 문장으로 쓴다.

예) 엄마가 검정 비닐봉지에 버찌를 3개 넣었습니다. 나는 놀이터 옆에서 버찌를 찾았습니다. 나무 밑에 떨어져 있었습니다. 7개를 주웠습니다. 검정 비닐봉지에 넣었더니 버찌는 10개가 되었습니다.

3+7=10

쉬운 글과 섬세한 세밀화, 지렁이를 말하다

국어 2학년 1학기 2. 알고 싶어요
슬기로운 생활 2학년 1학기 7. 동물과 식물은 내 친구

이성실 글 | 이태수 그림 | 다섯수레

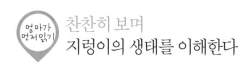

찬찬히 보며
지렁이의 생태를 이해한다

『지렁이가 흙똥을 누었어』는 비가 오면 홀연히 나타나 긴 몸을 꿈틀거리며 우리를 놀라게 하는 지렁이의 모든 것을 담고 있다. 알고 보면 지렁이는 땅속에서 살아가면서도 널리 세상을 이롭게 하는 고마운 동물이다. 이 책을 통해 지렁이의 생태를 알아보자.

이른 봄 감자 밭에 몽글몽글 흙덩이가 쌓인다. 지렁이가 누고 간 똥 더미이다. 수건을 쓴 할머니는 부지런히 밭일을 나가고, 잠 깬 지렁이는 굴을 파기 시

작한다.

지렁이는 흙을 먹고 흙똥을 누면서 감자 싹 주변에서 굴을 파고 다닌다. 가늘고 긴 몸을 오므렸다 뻗으면서 흙을 옆으로 밀어내고 돌도 밀어낸다. 이런 일은 둥근 마디로 이어진 몸에 센털이 있기 때문에 가능하다.

봄철 짝짓기를 하고 나면 지렁이는 흙 속에 알주머니를 떨어뜨린다. 2~3주가 지나면 새끼 지렁이들이 알을 까고 나온다. 그러면 바로 굴을 파고 다니며 온갖 부스러기를 먹고 똥을 눈다. 여기저기 소복소복 쌓인 지렁이 똥 때문에 감자 줄기와 잎들은 싱싱하게 자란다. 똥에는 무기질과 영양소가 듬뿍 들어있기 때문이다.

지렁이 덕에 감자는 실하게 여문다. 스펀지 같은 지렁이 똥은 식물이 필요할 때마다 물을 머금었다 나누어준다. 감자 농사가 끝나고 가을이 오면 지렁이는 땅속 깊이 들어가 잠잘 곳을 마련하고 겨울잠을 청한다. 부지런한 농부 아저씨가 쟁기질을 시작할 이듬해 봄을 기다리면서…….

이 책은 생김새와 살아가는 방식, 주변 생물들과의 관계 등 지렁이에 관해 자세히 알려준다. 섬세하고 부드러운 세밀화로 지렁이와 주변 생물의 모습을 보여준다. 밭, 쟁기질하는 소, 농부의 모습, 우리 자연이 어우러진 배경은 친근하고 사실적이면서도 아름답다.

사물을 관찰하며 탐구심을 키워나가는 저학년 아이들에게 꼭 필요한 생태 그림책이다. 어릴 때 가졌던 동식물에 대한 관심과 따뜻한 마음은 이 시기에 점차 지적인 호기심으로 바뀐다. 탐구심이 왕성히 자라나 하나하나 알아갈수록 더욱 궁금증이 생긴다. 이때부터는 생태 그림책을 보여주며 아이의 탐구심을 더욱 자극한다. 대상을 직접 관찰하듯 자세히 보고 지식을 습득하고 실제로 관찰하고 싶은 마음이 들게 한다.

과학책은 꼼꼼하게 읽으면서 정확하고 확실하게 이해하는 습관을 들이자. 겉으로 드러나는 흥미 중심으로 책을 읽거나 줄거리만 알고 넘어가면 오히려 즐거움을 못 느낀다. 자연의 생태나 과학적인 사실을 하나하나 알아가는 기쁨을 느끼도록 도와주고 직접 관찰하는 기회를 갖게 하자.

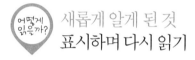

새롭게 알게 된 것
표시하며 다시 읽기

엄마와 아이가 함께 그림을 보며 읽는다. 다음 장으로 넘기기 전에 그림을 충분히 관찰한다. 지렁이의 모양, 흙의 상태, 감자 잎, 줄기, 뿌리의 변화 등 주변 생물을 자세히 관찰한다. 작은 글씨로 쓰인 정보 글도 빠짐없이 읽고 내용과 연결 지어 살펴본다.

본문을 끝까지 읽은 후 한 번 더 읽으면서 새롭게 알게 된 내용에 표시한다. 소리 내지 말고 눈으로 읽으며 표시할 내용을 찾는다. 찾은 내용에 점착 메모지를 얇게 잘라 붙이거나 색인용 점착 메모지를 붙여 표시한다. 메모지의 색을 달리하여 새롭게 알게 된 것과 재미있고 신기한 것을 구분하여 붙인다.

메모지는 아이가 붙이게 한다. 아이가 머뭇거리더라도 기다리고 격려하여 스스로 붙이게 한다. 아이는 메모지가 가득 붙어 있는 책을 보면서 새로 알게 된 내용과 재미있고 신기한 내용이 많다는 사실을 스스로 깨닫게 된다. 또 자신의 지식 습득 과정을 눈으로 확인하며 뿌듯함을 느낀다.

본문 다음에 나온 '지렁이에 대해 물어보아요' 부분은 대화 열기 시간에 활용한다.

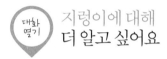

지렁이에 대해 더 알고 싶어요

아이에게 지렁이에 대해 더 궁금한 점이 있는지 물어보고 그 답을 찾아보게 한다. 아이가 궁금한 점이 없다고 하면 엄마가 물음을 던져 궁금증을 갖게 유도한다. 함께 무엇이 궁금한지 생각해보고 본문 뒷부분을 펼쳐 대답을 찾는다. 책에 대답이 없으면 물음을 따로 적어놓았다가 백과사전이나 도감, 인터넷을 활용하여 찾아본다.

아이의 물음에 엄마가 모두 대답해줘야 한다는 부담은 갖지 않는다. 아이의 질문에 대답해야 한다는 부담 때문에 질문을 꺼리면 아이는 궁금증을 마음껏 표현하지 못한다. 사고력의 확장은 궁금증에서 시작된다. 아이가 머뭇거리지 않고 물어볼 수 있도록 도와주자. 그리고 아이와 함께 답을 찾아나가자. 그 과정에서 아이는 탐구 방법을 익히고 깨닫는 기쁨을 누리게 된다. 더불어 사고력도 키우게 된다.

지렁이 마을 그리기

북적이는 땅속 지렁이 마을을 그린다.

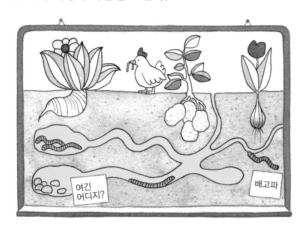

준비물

화이트보드, 보드마카, 점착 메모지, 연필

놀이법

① 화이트보드를 3분의 1 정도로 가르는 가로선을 그린다. 가로선은 땅속과 땅 위의 경계선이다.

② 땅속 마을에 지렁이 굴과 알주머니, 지렁이 여러 마리를 그린다. 지렁이 똥, 감자의 잎과 줄기, 천적인 닭, 뱀을 땅 위와 아래 알맞은 위치에 그린다.

③ 점착 메모지에 지렁이가 하는 말을 상상하여 적은 다음 지렁이에게 붙여 준다.

예) 알주머니에서 막 나온 새끼 지렁이 : "여기가 어디야?

아이 배고파. 흙 먹어야지."

④ 책을 참고하여 여러 가지 일이 일어나는 지렁이 마을을 꾸민다.

⑤ 완성한 다음 지렁이의 말을 함께 읽어보고 이야기를 나눈다.

 ## 지렁이
만들기

점토로 지렁이를 만들고 지렁이 몸의 각 부분과 명칭에 대해 알아본다.

준비물

찰흙(칼라 점토), 찰흙 칼

놀이법

① 책에서 지렁이의 생김새 부분을 다시 보고 이야기를 나눈다.

② 찰흙을 길게 반죽하여 지렁이를 만든다.

③ 찰흙 칼로 몸마디와 환대, 머리, 꼬리, 알주머니 등을 섬세하게 표현하여

모양을 완성한다.

④ 알 낳는 지렁이, 태어나는 지렁이, 똥 누는 지렁이 등 여러 모양을 만들어
본다.

⑤ 완성된 작품을 가지고 지렁이 몸의 각 부분을 설명하고 서로 느낌을 나
눈다.

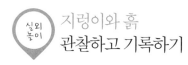

지렁이와 흙
관찰하고 기록하기

살아 있는 지렁이나 지렁이가 살 만한 흙을 관찰한다. 비 오는 날 집 주변이
나 비 온 뒤 화단 근처에서 지렁이를 찾을 수 있다. 지렁이를 찾기 힘들면 화단
의 흙을 관찰한다.

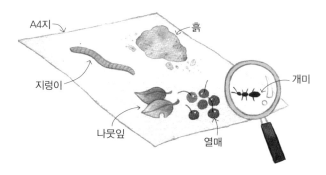

준비물

사진 촬영 기능이 있는 기기(휴대폰이나 디지털 카메라), 돋보기, 나무젓가락,

흰 종이, 공책, 필기도구

놀이법

① 아이와 관찰할 장소와 대상을 정한다.

② 지렁이나 흙을 찾아 관찰한다. 돋보기로 지렁이나 흙, 식물, 흙에 사는 벌레의 생김새를 자세히 관찰한다. 나무젓가락으로 흙을 살살 헤치며 흙 속을 관찰한다. 식물이나 지렁이가 다치지 않도록 주의한다. 흙에 섞인 물질, 벌레 등을 관찰한다. 관찰 대상의 색과 모양을 살펴본다. 흰 종이에 옮겨 놓고 자세히 볼 수도 있다.

③ 사진을 찍어 기록으로 남긴다.

④ 공책에 관찰 날짜, 시간, 장소, 대상을 적고 관찰 내용을 적는다. 대상을 실제로 보거나 사진을 보고 그림을 그린다. 간단한 느낌도 적는다.

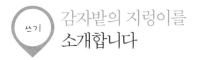

쓰기

감자밭의 지렁이를
소개합니다

감자밭 지렁이의 소개 글을 쓴다. 지렁이를 모르는 사람에게 지렁이를 소개한다고 생각하면서 쓴다. 할아버지나 친구, 동생 등 알려줄 상대를 정하고 쓰면 술술 써 내려갈 수 있다.

아이에게 생각나는 대로 쓰게 하고 그림을 곁들이거나 설명을 첨부하게 한다. 책에 메모지로 표시해놓은 내용을 활용한다. 책의 내용을 글로 정리할 때는 그 부분을 몇 번 읽고 반드시 책을 덮은 후 쓰게 한다. 책을 펴고 간추리다 보면 뺄 말을 생각하지 못해 글이 길어진다.

글을 다 쓴 후에는 엄마에게 보여주기 전에 반드시 한 번 읽어보게 한다. 다른 쓰기 활동을 한 후에도 이렇게 하도록 습관을 들여준다. 이러한 과정을 통해 아이 스스로 뜻이 잘 전달되게 썼는지 확인할 수 있다.

재미있는 이야기로 스르르 깨닫는
환경의 소중함

바른 생활 1학년 2학기 5. 환경이 웃어요
슬기로운 생활 1학년 2학기 5. 생각하여 만들기

알리 미트구치 글 · 그림 | 김경연 옮김 | 풀빛

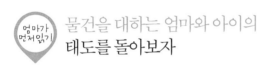

엄마가 먼저읽기 물건을 대하는 엄마와 아이의
태도를 돌아보자

크링겔 씨가 새로 이사한 곳은 부자가 많이 사는 동네다. 사람들은 매일매일 사고 싶은 물건을 사들인다. 날마다 새로운 물건들이 쏟아지고 광고도 쏟아진다. 멋쟁이가 되고 싶어 뭔가 사고, 몰라보게 달라지고 싶어 또 뭔가 산다. 크링겔 씨는 나무와 새가 있는 아담한 집과 살구잼이 좋을 뿐인데, 이 어수선한 동네에서 어떻게 살아갈지 걱정스럽다.

문제는 바로 터진다. 사들인 물건을 놓을 자리가 모자란 동네 사람들이 쓰던 물건을 내다 버리기 시작한다. 그것도 캄캄한 밤에 몰래! 크링겔 씨는 아무것도

모르고 아침에 문을 열었다가 눈앞에 온갖 잡동사니가 산더미만큼 쌓여 있는 것을 보고 깜짝 놀란다.

생각 끝에 크링겔 씨는 손수 정리하기로 한다. 거의 새것이나 다름없는 물건들은 도저히 버릴 수 없어서 집에 차곡차곡 보관한다. 지하실까지 물건들이 꽉 찬다. 가장 좋아하는 살구잼이 놓인 선반에도 손이 닿지 않을 정도로 물건이 쌓인다. 클링겔 씨는 화가 난다. 그러나 이웃집에서는 버린 물건을 쌓아두는 클링겔 씨를 오히려 이상한 눈으로 본다.

그러던 어느 날, 아이들이 클링겔 씨를 찾아온다. 클링겔 씨와 아이들은 자연스럽게 쌓인 물건들로 새로운 것을 만들며 논다. 물건을 버리지 않았더니 쓸모가 생긴 것이다. 크링겔 씨는 매우 기쁘다. 그는 한술 더 떠 아이들의 작품을 멋지게 색칠해준다. 아이들은 매일 틈나는 대로 크링겔 씨를 찾아온다.

소비만이 미덕인 부자 동네에서 사람들이 크링겔 씨를 좋아할 리 없다. 헌 물건과 함께 책임감도 몰래 갖다 버렸으니 이기적인 마음이야 오죽할까. 마을 사람들은 크링겔 씨를 위험인물로 여긴다.

이 책을 읽다 보면 이내 외국의 어떤 부자 동네 이야기만이 아니라는 생각이 든다. 읽다 보면 왠지 뜨끔하다. 날마다 사들이고, 잠깐 사이 믿을 수 없을 만큼 버릴 것이 쌓이는 우리의 이야기다. 요즘은 무엇이든지 손만 뻗으면 닿을 곳에 있어 물건 귀한 줄 모르고 사용한다. 장난감이며 학용품도 흔하디흔하다. 이 책은 크링겔 씨를 통해 마법에 걸린 듯 다 같은 생각에 휩쓸리지 말고, 멈춰서 한번 돌아보라고 우리에게 충고한다.

『재활용 아저씨 고마워요』는 독일 작가인 알리 미트구치의 환경 그림책이다. 환경 관련 학습을 할 때는 지식을 이해하는 것 못지않게 실천하는 것이 중요하다. 바른 생활 교과와 관련하여 읽으며 환경을 지키는 작은 습관을 기르도록 이끌어주자.

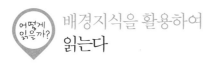

배경지식을 활용하여 읽는다

책을 읽을 때 배경지식이 있으면 보다 깊이 이해하고 자신만의 관점을 가질 수 있다. 버려지는 물건, 무분별한 소비, 불법 투기 관련 배경지식을 찾는다. 신문이나 뉴스에서 찾아도 좋지만, 저학년이니만큼 실제 보고 느낀 경험에서 찾는 것이 좋다.

책을 읽기 전에 주변을 돌아본다. 집 안의 버릴 물건, 아파트나 지역의 분리수거함, 자전거 보관소의 버려진 자전거, 쓰레기 버리지 말라는 경고문, 광고 전단지, 알뜰 가게, 분실물 보관소 등을 훑어보고 사진을 찍어본다.

이 책을 볼 때는 뛰어난 글이나 그림을 감상하는 것보다 주제를 이해하는 것이 중요하다. 표지와 면지 그림에 나오는 '재활용' 이라는 말의 의미를 생각해 보면서 본문을 읽기 시작한다.

글을 읽고 그림에 나오는 상황에 대하여 함께 생각해본다. 책을 읽기 전에 둘러보았던 경험과 연결 지어 이야기를 이해한다. 아이들이 물건을 만드는 장면에서는 재료와 용도를 구상하며 흥미를 돋운다.

어떤 물건들이
나왔더라?

　마지막 면지에는 어른들과 더불어 즐겁게 놀이하는 그림이 나온다. 면지를 보며 장난감을 만들기 위해 어떤 물건이 들어갔는지 이야기를 나눈다. 이야기에 등장한 물건들을 하나하나 떠올려본다. 책의 첫 장부터 다시 살펴보며 나온 물건들을 짚어볼 수도 있다. 물건의 이름과 용도를 확인한다. 물건의 이름과 용도를 확인해두면 이후 창의성을 발휘하여 다양한 놀이를 해볼 수 있다.

물건의
일생

　물건이 만들어지고, 사용되고, 쓸모를 다하고, 재활용되고, 분해되어 사라지기까지 물건의 일생을 알아본다. 더불어 물건의 수명을 늘리기 위한 방법, 소비가 환경에 미치는 영향을 생각해본다. 사용 중이거나 버리려고 하는 물건을 몇 가지 골라 탐구한다.

준비물

화이트보드, 보드마카

놀이법

① 화이트보드 맨 위에 활동 제목을 적는다.

　　예) '우산의 일생'

② 큰 동그라미를 5개 그리고 줄로 연결한다.

③ 생산 동그라미 : 상표를 참고하여 제조국과 재질, 물건이 어떻게 탄생했
　　는지 이야기하고 주요 정보를 쓴다.

④ 구입 동그라미 : 구입 장소, 가격, 구입한 이유를 기억하여 주요 정보를 적
　　는다.

⑤ 사용 동그라미 : 사용 기간, 사용처와 사용하면서 느낀 점을 적고 이야기
　　해본다.

⑥ 버림 동그라미 : 버리는 이유와 방법, 버릴 때 환경에 어떤 영향을 주는지
　　알아보고 적는다.

⑦ 재활용 동그라미 : 재활용 방법과 각 방법의 좋은 점, 나쁜 점을 적고 이야

기해본다.

⑧ 환경을 지키는 생활 습관에 대해 알아본다. 다섯 동그라미 각 단계마다
할 수 있는 일을 메모지에 적어 붙인다.

재활용 발명품
만들기

분리수거 하려던 물건들을 모아 새로운 물건을 만들어본다.

준비물

플라스틱, 종이, 깡통 등 분리수거 물품, 비닐, 셀로판테이프, 가위, 본드 등

놀이법

① 버리려는 물건의 용도와 특징을 생각한다. 특징을 응용하고 발상을 전환
하여 어떤 물건을 만들지 구상한다.

② 재료를 이용해 물건을 만든다.

③ 새로운 물건의 용도, 사용 기간, 수명에 대해 이야기를 나눈다.

알뜰 가게
탐방

지역의 중고 서점이나 알뜰 가게, 장난감 도서관 등을 찾는다. 이용 방법과 약속을 지키며 물건을 나눠 쓰는 경험을 한다. 알뜰 가게가 없는 경우, 읽은 책 중 새 책이나 다름없는 책들을 골라 도서관에 기증하거나 작은 옷들을 직접 골라 친척이나 동생에게 물려줄 수도 있다.

준비물

알뜰 가게에 기증할 물건들, 종이, 연필

놀이법

① 나에게는 수명이 다한 물건이지만 다른 이들에게는 쓰기 좋은 물건을 여러 개 고른다.

② 종이에 물건들의 이름을 적어 물품 목록을 만든다. 물건과 물품 목록을 가지고 알뜰 가게에 간다.

③ 알뜰 가게에서 물건을 기증하고 필요한 물건을 사온다.

④ 사온 물건의 물품 목록을 만들고, 기증한 물건의 물품 목록과 비교하며 느낌을 이야기한다.

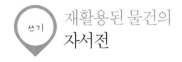

재활용된 물건의
자서전

아이 자신이 '재활용된 물건'이라고 상상하며 재활용된 물건의 일생을 돌아보는 자서전을 쓴다. 탄생부터 사용 시절, 재활용 시절, 분해 시절을 자신의 이야기처럼 써본다. 물건이 된 아이는 사람들에게 하고 싶은 말을 표현하며 주제를 전달한다. 엄마는 질문을 하며 아이의 상상을 자극한다.

엄마 : "물건이 자기 일생을 돌아본다면 어떤 느낌이 들까?"

엄마 : "네가 만약 물건이라면 작은 조각으로 분해되면서 어떤 말을 남기고 싶니?"

화이트보드 활동과 연결하여 쓸 수도 있다. 먼저 활동 내용을 보며 자신이 물건이 되었다고 상상하고 인생을 이야기해본다.

아이 : "나는 로봇 장난감이야. 2012년 중국에서 태어났어. 내 몸은 플라스틱으로 만들어졌단다. 아저씨들이 나를 친구들과 박스에 넣었어. 며칠 후, 나는 배를 타고 한국으로 왔어."

이야기한 내용을 바탕으로 글을 쓴다. 다 쓴 후에는 함께 읽고 감상을 나눈다.

미술 • 『샤갈』

그림으로 아이의 마음과
상상력을 키우자

국어 2학년 1학기 4. 마음을 담아서
즐거운 생활 2학년 2학기 4. 열매 맺는 가을

실비 지라르데, 클레르 메를로 퐁티, 네스토르 살라 글
최윤정 옮김 | 길벗어린이

 샤갈의 그림이
뜻하는 것은?

　샤갈은 1887년 러시아 비텝스크에서 태어났다. 유대인 부모 밑에서 8명이나 되는 형제, 누이와 함께 자랐다. 어릴 때부터 화가가 되고 싶어 상트페테르부르크의 미술학교에서 공부했고, 23세 때 프랑스 파리로 작품 활동의 본거지를 옮겼다.

　샤갈의 그림에는 풍성한 꽃다발, 서커스의 어릿광대, 하늘로 떠다니는 연인들, 환상적인 동물들, 성서의 예언자나 바이올린 연주자 등이 자주 나타난다. 특히 말, 수탉, 암소 등의 주요 소재는 상징성을 띠고 있어 연인, 기쁨, 남성, 여

성, 조국 등 다양한 뜻으로 해석할 수 있다.

샤갈은 피카소의 입체주의에서 영향을 받아 무의식, 욕망, 두려움의 환상 세계를 다루면서도 고향 러시아 땅의 소박한 정서를 담아 동화적이고 풍성하며 자유로운 그만의 독특한 예술 세계를 펼쳤으며 초현실주의 미술에 큰 영향을 주었다. 많은 판화 작품도 남겼을 뿐 아니라 스테인드글라스, 조각, 도기 제작, 무대 장식까지 폭넓은 영역에서 다양한 활동을 했다.

『샤갈』에서 우리는 러시아 출신 프랑스 화가 마르크 샤갈을 만날 수 있다. 또 놀이로 자연스럽게 그림을 감상하며 친해질 수 있다. 이 책에는 샤갈의 작품 세계를 엿볼 수 있는 열두 점의 작품이 나와 있다. 27세의 자화상으로 시작하여 스테인드글라스 작품까지 스토리텔링 없이 작품만 하나하나 감상하도록 되어 있다. 각 장마다 좀 더 꼼꼼히 관찰하도록 그림 놀이가 곁들여져 있다.

아이들은 풍부하고 자유로운 감수성을 지녔다. 어떤 면에서는 타고난 예술가들이다. 지식을 기반으로 감상하는 어른들과는 다르다. 어른에 비해 보다 열린 마음으로 예술 작품과 소통할 수 있다. 그러나 무작정 유명한 그림을 많이 보여준다고 해서 예술교육이 이뤄지는 것은 아니다. 작품의 언어가 아이들의 감성과 통할 수 있어야 한다. 어떤 예술 작품이든 아이들은 보고 싶을 때만 본다. 매력적이어서 자꾸 궁금한 그림, 보고 싶을 만한 그림을 찾아서 보여주자. 그리고 작품에서 이야기를 만들어내게 하자. 작품이 말하고 싶어하는 무언가를 들을 수 있게 하고, 자신의 마음이 표현된 듯 시원한 느낌을 갖게 하자. 부모가 지식 전달자가 아니라 감상자가 되어 함께 느낌을 나누다 보면 아이의 마음이 열리고 섬세한 예술성이 깨어날 것이다.

그림에 담긴
마음을 읽는다

표지의 화가 이름과 그림을 보며 책의 분위기를 느끼자. 한 장 넘기면 면지에 그림의 일부가 확대되어 있다. 여러 가지 색이 섞여 만들어내는 푸른 조화를 함께 감상한다. 샤갈은 푸른색을 특히 잘 다뤄 여간해서는 따라 하기 어렵다고 한다. 푸른색에 어떤 다른 색이 숨어 있는지 찾아보고, 무엇을 그렸는지 붓 터치도 살펴본다. 면지는 본문 25페이지에 나온 닭의 꽁지를 확대한 그림이다. 책에 나온 그림을 하나하나 감상하면서 찬찬히 찾아보기로 약속한다.

「기나긴 생애」에서는 샤갈의 일생을 간략하게 알 수 있다. 엄마가 읽어주면 아이는 알맞은 그림을 찾는다. 러시아와 프랑스가 어디에 있는 나라인지 세계지도나 인터넷 지도를 활용하여 알아본다. 샤갈이 사랑했던 사람과 그리워했던 고향, 행복했던 경험은 무엇이었는지 함께 생각한다. 아이가 아내 벨라, 고향 러시아, 프랑스 파리, 유대인 등의 키워드에 익숙해지게 한다. 다음 장에는 작가가 살던 시대를 알아보는 놀이판 '굉장했네요'가 나온다. 설명이 필요한 역사적 사건들이므로 책을 다 읽은 후에 놀이하거나 생략한다.

다음 페이지, 「자화상」은 비교적 사실적인 화풍으로 그린 화가의 얼굴이다. 이 그림을 보며 아이와 자유롭게 느낌을 나눈다.

그 다음 페이지, 「손가락이 일곱 개인 자화상」은 이야깃거리가 많이 담긴 그림이다. 이 그림을 보며 샤갈이라는 화가를 알려주는 여러 소재에 대하여 생각해본다. 화가가 앉아 있는 곳, 그림으로 그린 곳, 마음으로 생각한 곳에 대해 이야기를 나눈다. 손가락은 왜 일곱 개인지, 옷깃에는 왜 꽃이 그려져 있는

지도 생각해본다. 마지막으로 그림 속 화가가 그리는 그림을 다시 살펴본다. 다음 장에 바로 그 그림이 나온다.

제목에서 말하듯 화가는 러시아를 그렸다. 건물의 지붕 모양으로 러시아를 그렸다는 사실을 알 수 있다. 다른 그림에서도 그런 건물과 마을이 나오는지 찾아본다. 그림에서 특이한 부분을 발견하면 아이에게 물음을 던져 함께 생각해본다.

엄마 : "젖 짜는 여인은 왜 머리와 몸통이 떨어져 있을까?"

아이 : "다른 곳을 보고 싶어서요."

엄마 : "무엇을 보고 싶기에 머리만 둥실둥실 높이 떠오를까?"

아이 : "프랑스에 있는 샤갈이 보고 싶은가 봐요."

「생일」이란 그림에서도 특이한 점을 함께 생각해본다.

엄마 : "누구 생일일까?"

아이 : "벨라 생일이에요. 꽃다발을 들었으니까."

엄마 : "그런데 왜 샤갈은 둥둥 떠 있지?"

아이 : "뽀뽀 선물을 하니까 기분이 좋아졌나 봐요."

다른 그림에서도 물음을 던져 아이가 자신만의 해석을 풍부하게 할 수 있도록 돕는다. 그림에서 많은 이야기를 찾아내며 감상을 즐긴다.

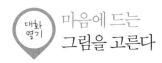

마음에 드는
그림을 고른다

엄마와 아이가 책에 나온 샤갈의 그림 중에서 가장 엉뚱한 그림, 가장 재미있는 그림, 가장 신비로운 그림, 가장 슬픈 그림을 하나씩 골라본다. 왜 그 그림을 골랐는지 이유를 서로 이야기하고, 마지막으로 각자 가장 마음에 드는 그림을 고른다. 어떤 점이 마음에 드는지 이야기를 나눈다.

마음이
통하는 그림

그림으로 마음을 전달해보는 활동이다. 엄마와 아이가 함께 겪었던 일 중에서 기억에 남는 일을 골라 화이트보드에 그림으로 표현한다. 직접적인 설명보다 느낌을 나타낼 수 있는 그림을 그려본다.

준비물

화이트보드, 보드마카, 종이 여러 장, 연필

놀이법

① 제비뽑기 종이를 만든다. 종이마다 가장 슬펐던 일, 웃겼던 일, 즐거웠던 일, 억울했던 일, 고마웠던 일, 행복했던 일을 쓴다. 글씨가 보이지 않게

접는다.

② 가위바위보로 순서를 정한다. 한 사람이 제비를 뽑아 거기에 적혀 있는 경험을 화이트보드에 그림으로 표현한다. 다른 사람은 그림만 보고 어떤 일을 겪었는지 알아맞힌다. 그림의 어떤 점 때문에 그런 느낌이 들었는지 이야기해본다.

③ 그림을 지우고 역할을 바꿔 놀이한다.

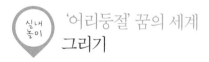 '어리둥절' 꿈의 세계
그리기

꿈에서는 어리둥절한 일이 자주 일어난다. 샤갈의 그림처럼 토끼가 날기도

하고 '거꾸로 된 세계'가 펼쳐지기도 한다. 엄마와 아이가 꿈의 세계를 그리면서 자유롭게 상상화를 그린다.

준비물

도화지, 물감, 크레파스

놀이법

① 현실이 뒤죽박죽된 어리둥절한 꿈을 꾼 경험을 이야기한다. 꿈이 생각나지 않으면 꾸고 싶은 꿈을 생각해본다.

② 꿈의 내용을 재미있게 조합해 그림으로 표현한다. 꿈의 세계에서 어떤 마음이 들었는지 느낌이 나타나도록 그린다.

③ 그림을 완성하고 감상을 나눈다.

실외놀이 전시된 그림
감상하기

실제로 그림을 감상하고 화가의 마음을 느껴보자. 그림 전시회를 찾아도 좋지만 공공 기관이나 기업의 로비, 도서관, 병원, 식당 등에 가서 그곳에 걸린 그림을 감상한다. 되도록 인쇄된 그림이 아닌 진짜 그림을 찾는다.

그림을 보고 느낌을 이야기해보고 수첩에 화가의 이름과 작품 제목을 쓰고 느낌을 적어보기도 한다. 샤갈의 그림을 감상할 때처럼 화가가 어떤 마음으로 그림을 그렸는지, 그림 속에 있는 사람들은 어떤 마음인지 상상해본다. 책에서 볼 때와 실제로 볼 때는 어떻게 느낌이 다른지도 이야기해본다.

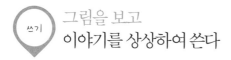

그림을 보고
이야기를 상상하여 쓴다

　책에 나온 샤갈의 그림 한 점을 골라 그림에 얽힌 이야기를 쓴다. 그림에 따라 화가의 일생과 마음을 상상하여 쓸 수도 있고, 전혀 다른 이야기를 상상하여 쓸 수도 있다. 엄마는 아이가 그림의 느낌과 어울리게 이야기를 쓰도록 이끈다.

　예) 벨라가 세상을 떠나자 샤갈은 매우 슬펐습니다. 매일매일 벨라 생각을 하였습니다. 나무를 보면 벨라와 결혼할 때 생각이 났습니다. 벨라가 하늘나라에 있어서 언제나 하늘만 쳐다보았습니다. 고개가 거꾸로 돌아갈 정도였습니다. …….

-「그녀를 생각하며」를 보고-

염소는 어느 날 산길을 가다가 천사의 바이올린을 주웠습니다. 바이올린은 참 예뻤습니다. 염소는 주인을 찾아주려고 온 산을 헤매고 다녔습니다. 천사는 보이지 않았습니다. …….

-「고독」을 보고-

민족의 힘찬 기상이 담긴 고구려로
시간 여행을 떠나다

국어 1학년 2학기 3. 생각을 전해요
국어 2학년 1학기 3. 이런 생각이 들어요

김향금 글 | 김동성 그림 | 웅진주니어

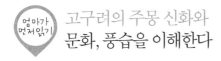

고구려의 주몽 신화와
문화, 풍습을 이해한다

해의 신 해모수와 강의 신 하백의 딸 유화 사이에서 알이 하나 태어난다. 알
은 마구간에서조차 동물과 햇빛의 보호를 받을 정도로 신령한 기운을 품고 있
었다. 열 달 후, 건강한 사내아이가 껍질을 깨고 나왔으니, 바로 주몽이다.

주몽은 금와왕의 보호 아래 어머니인 유화 부인과 동부여의 별궁에서 살
고 있었는데, 출생부터 남달랐던 만큼 성장 과정도 특별했다. 세상에 나온 지
한 달 만에 종알종알 말을 하질 않나, 젖먹이 시절에 활을 쏘아 파리를 잡질
않나 보통 사람과는 달라도 많이 달랐다. 청년이 된 주몽은 눈에 띄게 총명하

고 힘이 셌다. 특히 활쏘기에 능했다. 자연히 주위의 시샘과 견제를 한 몸에 받을 수밖에 없었다. 동부여의 일곱 왕자들은 호시탐탐 주몽의 목숨을 노렸다. 금와왕도 동부여인들에게 날로 인기가 높아져가는 주몽이 탐탁지 않았다. 하지만 해모수의 아들을 함부로 없앨 수는 없는 터라, 주몽을 마구간으로 쫓아냈다.

유화 부인과 주몽은 꾀를 써서 왕으로부터 좋은 말을 선물 받았다. 주몽은 지혜로운 세 친구와 남쪽 나라로 나라를 세우러 떠났다. 그리고 물고기와 자라의 도움을 받아 강물을 건너 압록강 북쪽 졸본 지역까지 이르렀다. 주몽은 기름지고 살기 좋은 졸본 땅에 고구려를 세웠다. 고구려는 칠백 년 동안 천하의 중심이 되어 온 세상을 호령했다.

『고구려를 세운 영웅 주몽』은 김동성 작가의 그림과 김향금 작가의 글이 잘 어우러진 아름다운 그림책이다. 부드럽고 깊은 색감의 그림이 한 편의 애니메이션 같이 웅장하고 흥미진진하게 펼쳐진다. 말을 타고 광활한 들판을 달리는 고구려인들의 기백이 느껴진다. 이야기를 통해 말타기와 활쏘기를 즐겼던 고구려의 풍습과 복식에 대해서도 알 수 있다. 건국 신화이기 때문에 비현실적인 요소가 많지만, 그 안에는 고구려의 실제 역사도 살아 있다. 압록강 북쪽에 자리 잡았다는 점과 당시 강대국이었던 동부여의 영향을 받았다는 점은 역사적 사실이다.

저학년 아이들은 아직 머릿속에 시간 개념이 확실하게 자리 잡히지 않아서 역사의 흐름을 이해하기 어렵다. 그러므로 역사에 대해서는 설화나 인물의 이야기, 역사 에피소드 등이 담긴 책을 중심으로 독서를 시작한다. 설명보다는 이야기를 통해 자연스럽게 시대를 알게 한다. 풍습이나 생활 방식, 인물의 삶으로 알게 된 각 시대의 특성은 이후 역사의 흐름을 이해할 때 배경지식이 된다.

 이야기에
푹 빠져 읽기

역사적인 사실을 짚어주기보다 이야기를 흥미롭게 읽게 한다. 아이는 흥미를 느낄수록 정보와 지식을 잘 기억하고 역사에 대한 궁금증도 갖게 된다.

먼저 표지 그림과 제목을 살펴본다. 그림의 주인공이 어떤 사람일지 생각해본다. 표지와 옅은 햇살 무늬가 펼쳐진 면지를 넘기면 프롤로그가 나온다. 엄마가 알맞은 속도로 글을 읽어준다. 가로로 펼쳐지는 금빛 그림을 멀리서 보고 가까이서도 본다. 이야기의 흐름과 신비로운 분위기를 느끼고, 그림의 섬세함도 발견한다. 속표지 제목 아래의 그림도 지나치지 않고 살펴본다.

각 장의 본문을 읽고 그림을 세세히 살펴본다. 글과 그림을 통해 분위기와 정취를 엿보고 사건을 이해하며, 사람들의 표정에 깃든 생동감을 느낀다.

인물에 대한
생각 나누기

주몽이 어떤 사람이었는지 이야기를 나눈다. 책을 보면서 어떤 느낌을 받았는지 이야기를 나눈 후, 주몽이 한 일과 주요 정보를 확인한다.

엄마 : "주몽을 만나보니 어떤 느낌을 받았니?"

아이 : "멋있어요."

엄마 : "그렇구나. 어떤 점이 가장 멋졌어?"

아이 : "활을 잘 쏘고, 말도 잘 타요. 고구려를 세웠고요."

엄마 : "고구려는 어떤 나라일까?"

고구려
마인드맵

주몽 이야기를 통해 알게 된 고구려에 대해 마인드맵을 그려본다. 마인드맵은 하나의 주제를 중심으로 생각의 가지를 뻗어나가는 생각 지도이다. 마인드맵 활동은 여러 가지 정보과 느낌으로 뭉뚱그려진 생각 덩어리를 단계적으로 분류하여 체계적인 지식으로 자리 잡게 한다. 뒤죽박죽 산더미처럼 쌓여 있는 물건을 서랍에 잘 정돈하는 행위와 같다. 정보와 생각을 쓸모 있고 유용하게 조합하게 한다. 또 시각 이미지로 영상화시켜 기억에 오래 남게 한다. 엄마가 자유롭고 유연하게 생각할 수 있는 분위기로 이끌면서 아이에게 각각의 생각에는 알맞은 자리가 있다는 사실을 익히게 하자.

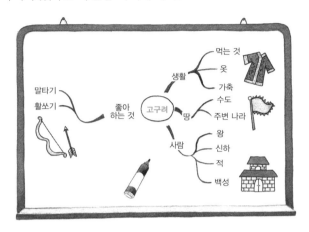

준비물

화이트보드, 보드마카

놀이법

① 화이트보드 한 가운데에 '고구려' 라고 쓴다. 타원형으로 글자에 테두리를 그리거나 그대로 놔둔다.

　엄마 : "고구려에 대한 우리 생각을 마음껏 뻗어나가게 해보자. '고구려' 하면 어떤 생각이 나지?"

　아이 : "활쏘기, 주몽."

　엄마 : "그렇구나. 그 생각에 알맞은 자리를 찾아주자."

② 첫 번째 생각 가지는 중요하다. 주제를 구성하는 큰 분류로서 생각의 길을 열어준다. 무작위로 떠올리는 아이의 말을 참고하여 갖고 있는 정보의 수준에 맞게 3~4가지의 생각 가지를 뻗는다. 가령 저학년에게 정치, 사회,

문화라는 단어는 어려우므로 '땅, 사람, 생활, 좋아하는 것'이라고 아이 수준에 맞게 표현한다. 아이가 유연하게 생각할 수 있도록 가지는 직선이나 직사각형을 피하고 곡선으로 그린다.

③ 첫 번째 가지에서 다시 어떤 생각이 뻗어나갈 수 있는지 함께 생각한다. '사람'에서는 왕, 신하, 백성, 적으로 뻗어나갈 수 있다. 주몽은 '왕'의 가지에 속하는 사람이다. 지혜로운 친구들은 '신하', 동부여의 일곱 형제는 '적'에 속한다. 분류에 속하는 다른 생각들이 있는지 떠올리며 가지를 뻗어나간다.

④ 완성되었으면 주제인 고구려부터 다시 차근차근 읽어보며 정리한다.

주몽을 따라 주사위 놀이

주몽이 태어나서 고구려를 건국하기까지 과정을 주사위 놀이판으로 만든다. 정한 규칙에 따라 놀이한다.

준비물
마분지(깨끗한 박스), 색종이, 사인펜, 가위, 풀, 주사위, 말(단추나 바둑알 등)

놀이판 만들기
① 마분지나 깨끗한 박스로 놀이판을 마련한다.

② 색종이를 일정한 크기로 오린다. 색종이는 놀이판 위에 스무 장정도 겹치지 않고 줄지어 붙일 수 있는 크기이다.

③ 색종이 한 장에 주몽이 겪은 사건 하나와 지시 규칙 하나를 적는다. 이런 식으로 색종이 스무 장에 각각 다른 사건과 지시 내용을 적는다.

　예) 알에서 태어남, 앞으로 두 칸 전진.

　　활로 파리를 잡음, 앞으로 한 칸 전진.

　　아름드리나무에 묶임, 한 번 쉬기.

　　뒤에는 군사요, 앞에는 강물, 두 번 쉬기.

　　물고기와 자라 나타남, 상대방이 물 마시기.

　　고구려 건국, 승리!

④ 사건과 지시 내용을 이야기 흐름에 따라 줄지어 놀이판에 붙인다. 시작하는 점과 마지막이 되는 점을 표시한다.

가위바위보로 순서를 정하고 주사위를 던진다. 나온 숫자만큼 말을 움직이며 지시 내용에 따른다. 최종 도착점을 먼저 지나는 사람이 이긴다.

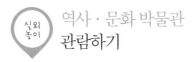

역사 · 문화 박물관
관람하기

고구려 관련 전시를 관람하거나 역사 · 문화 박물관에서 고구려 시대에 대해 더 알아본다. 벽화의 그림이나 유물, 당시 사용하던 활, 무기, 마구 등을 관람한다. 아이는 실물을 보면서 책에서 보았던 장면이 떠올라 자연스럽게 역사에 대한 흥미와 호기심을 갖게 된다.

주몽
인터뷰

기자가 되어 주몽을 만나 인터뷰한다고 상상하고 쓴다. 아이가 인터뷰의 질문과 대답을 모두 상상할 수 없으면 엄마가 질문을 하고 아이가 대답하게 한다.

녹음해놓았다가 글로 정리할 수도 있고, 인터뷰를 하면서 글을 쓸 수도 있다. 먼저 질문을 적어놓았다가 대답하면서 글을 쓸 수도 있다. 다 쓴 후에는 함께 읽어보고 이야기를 나눈다.

예) 고구려를 세운 주몽을 만나보았습니다. 빨간 윗도리에 물방울 무늬 바지를 입었습니다. 궁금한 걸 물어보니 잘 대답해주었습니다.

기자 : "진짜 알에서 태어났나요?"

주몽 : "기억은 안 납니다. 너무 어릴 때 일이라서."

기자 : "동부여의 군사들에게 쫓길 때 기분이 어땠나요?"

주몽 : "눈앞이 캄캄했습니다. 앞으로 가려고 해도 강물이 막고 있었죠. 물고기와 자라가 안 도와줬으면 고구려를 못 세웠을 거에요."

할머니랑 쑥 뜯고 요리하고 내다 팔고, 재미있네!

슬기로운 생활 2학년 2학기 4. 물건도 여행을 해요
슬기로운 생활 2학년 2학기 5. 가게에 가요

조혜란 글 · 그림 | 보리

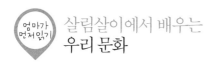

살림살이에서 배우는
우리 문화

　『할머니, 어디 가요? 쑥 뜯으러 간다!』는 유쾌하고 발랄한 옥이의 일상을 통해 산과 들에서 계절마다 맛난 것들을 어떻게 채취하고 요리해 먹는지를 알 수 있다.

　옥이는 빨간 지붕 집에서 할머니와 단둘이 산다. 옥이는 할머니의 서툰 가위질 솜씨 때문에 머리카락은 삐죽삐죽 뻗쳐버렸고 얼굴은 들창코지만, 할머니한테는 언제나 '우리 옥이 예쁜 옥이'다. 옥이네 동네는 사시사철 먹을거리가 쑥쑥 자라나고 주렁주렁 열매가 열리는 시골이다. 옥이는 쑥 뜯으러 나간 할머니를

152

찾아 나선다. 고개를 넘고 밭을 지난다. 광주리를 든 할머니가 옥이를 맞는다.

쑥은 길가와 풀숲 어디서나 쑥쑥 자랐다. 쑥을 캐기 위해 할머니의 손이 바빠진다. 옥이는 쑥을 캐다가 꽃도 따고 풀도 딴다. 어느덧 광주리가 쑥으로 가득 찬다. 옥이는 광주리를 머리에 이고 집으로 돌아온다.

쑥은 쑥전도 되고, 쑥버무리도 되고, 쑥된장국도 되고, 쑥개떡도 된다. 옥이와 할머니는 쫀득쫀득 쑥개떡을 많이 만들어 시장에 간다. 시장에는 온갖 물건이 모여 있다. 곡식, 신발, 과일, 꽃, 동물 등 이루 다 말할 수도 없다. 옥이와 할머니는 복작복작한 시장에서 앉을 자리를 찾지 못한다. 그러다가 붕어빵 아저씨의 이동식 가게 앞에 앉아 쑥개떡을 팔게 된다. 옥이와 할머니는 신나게 장사를 하고 돈을 많이 번다. 할머니는 번 돈을 빈 꿀 병에 모아두었다. 그날 밤 옥이는 꿀 병을 보며 잠든다.

어린이 잡지 〈개똥이네 놀이터〉에 연재되었던 이야기를 그림책 시리즈 네 권에 다시 담았다.

옥이네 봄 이야기에는 봄나물인 쑥과 쑥개떡뿐 아니라, 엄나무 순, 고사리나물에 대한 내용도 담겨 있다. 아기자기한 그림에는 시골의 자연과 일상이 활기 있게 묘사되어 있다. 특히 산나물이 지천인 자연과 넓게 펼쳐진 시장의 모습이 생기 있게 그려져 있다. 이 책을 읽을 때는 작은 그림 하나하나 손가락으로 짚어가며 자세히 보자. 어느새 나물이 반찬이 되어 밥상에 오르기까지의 과정을 저절로 알게 된다.

우리 사회와 문화와 풍습을 담은 책을 읽으면 우리 것이면서도 겪어보지 못한 여러 삶을 간접적으로 체험할 수 있다. 전통에 깃든 멋과 지혜, 철학도 자연스럽게 배울 수 있다. 우리 것에 대한 자부심과 흥미를 가지고 우리 문화를 탐구해보자.

그림을 세밀히 관찰하며 읽기

제목과 지은이를 읽고 표지 그림을 살펴본다. 나물 캐러 나서는 할머니와 옥이의 환한 얼굴이 눈길을 사로잡는다. 풀과 나뭇잎, 꽃들 사이에서 나물을 찾아본다. 옥이 머리 위에 있는 도시락에는 무엇이 들었을까도 생각해본다.

장을 넘기면 면지에 옥이네 마을이 펼쳐진다. 산, 들, 바다가 있는 마을에서 여러 생물들과 더불어 살아가는 이웃을 살펴본다. 본문을 읽고 다시 보면 더 많은 것이 보인다.

첫 번째 이야기가 시작되면 옥이와 할머니가 사는 모습을 볼 수 있다. 집과 길을 지나 들판으로 나가며 마을의 환경을 알 수 있다. 이른 봄 들판에서는 농부들이 어떤 일을 하는지도 생각하며 읽어나간다. 쑥의 생김새를 알아보고 쑥을 캐서 조리하는 과정을 살펴본다. 시장으로 나가면 어떤 상점이 있는지 살펴본다. 시장의 물건을 구경하며 생김새와 쓰임새를 생각해본다.

마찬가지로 엄나무 순과 고사리 편도 이야기와 함께 그림에서 알 수 있는 것을 생각하며 읽는다. 마지막의 식물 소개를 읽어보고, 인터넷이나 도감의 사진으로 실물을 확인한다. 물론 직접 볼 수 있으면 더 좋다.

옥이네 집
퀴즈 대회

'옥이네 집 퀴즈 대회'를 연다. 옥이네 집과 관련된 일을 퀴즈로 내고 답을 맞히는 활동이다. 엄마가 먼저 쉽고 재미있는 퀴즈를 내고, 아이도 책을 보며 퀴즈를 낼 수 있게 한다. 퀴즈를 내고 풀면서 내용을 다시 떠올려볼 수 있고 논리적인 언어 표현력을 기를 수 있다.

예) 엄마 : "옥이네 강아지 이름은?"

아이 : "깜돌이."

엄마 : "쑥으로 만들어 시장에서 판 것은?"

아이 : "쑥개떡."

엄마 : "고사리 따러 가서 옥이가 지게 소년과 먹은 것은?"

아이 : "백설기와 물."

고사리가 밥상에
오르기까지

우리가 먹는 반찬이 어떤 과정을 거쳐 밥상에 오르는지 알아본다.

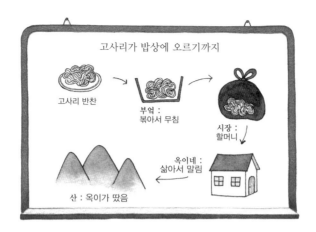

고사리가 밥상에 오르기까지

고사리 반찬

부엌 :
볶아서 무침

시장 :
할머니

옥이네 :
삶아서 말림

산 : 옥이가 땄음

준비물

화이트보드, 보드마카, 조리된 반찬, 영수증, 마트 광고지

놀이법

① 먼저 옥이 이야기에 나온 고사리 반찬부터 시작한다. 화이트보드에 고사리 반찬을 그리고 어디서부터 왔는지 거슬러 올라가본다. 아이와 번갈아가며 이전 단계를 그리거나 쓰고, 어떤 과정을 거쳤는지 이야기를 나눈다.

  예) 고사리 반찬 → 부엌 : 볶아서 양념으로 무침 → 시장 : 할머니가 비닐봉지에 넣어 팔았음 → 옥이네 집 : 할머니가 삶아서 말림 → 산 : 땅에서 자라난 것을 옥이가 땄음.

② 이번에는 조리된 다른 반찬으로 활동한다. 거슬러 올라간 과정에서 옥이네 고사리와 다른 점을 찾아본다. 마트의 영수증과 광고지에 나온 생산지 등을 참고한다.

③ 각 과정에서 수고하는 사람들과 그 역할을 알아보고, 생산지와 가까운 곳

의 음식과 먼 곳의 음식은 어떤 차이가 있는지도 이야기해본다.

실내
놀이

나물 무침
만들기

집에 있는 나물로 반찬을 만들어본다. 나물거리가 없으면 채소로 만든다.

준비물

씻지 않은 나물이나 채소, 각종 양념, 볼, 접시(넉넉하게 준비한다)

놀이법

① 나물이나 채소를 관찰한다. 만져보고 냄새를 맡아본다. 식물의 어떤 부분
인지 이야기를 나눈다. 뿌리, 줄기, 잎, 열매 중에서 어떤 부분을 먹는지도
생각해본다. 충분히 생각한 후, 인터넷이나 백과사전을 통해 바른 정보를
확인한다. 예를 들어, 감자는 뿌리라고 생각할 수 있지만 땅속에 있는 줄
기이다.

② 나물이나 채소를 물에 씻는다. 엄마가 채소의 특성에 맞게 씻는 방법과
다루는 법을 알려주고 아이에게 직접 해보게 한다.

③ 나물이나 채소를 데치거나 잘라 양념하기 직전의 상태로 만든다. 그 다음
각종 양념을 관찰한다. 각 양념의 모양과 맛, 원료, 역할을 알아본다. 조리
할 반찬에 들어가지 않는 양념도 함께 관찰한다.

④ 나물이나 채소의 맛을 보고, 원하는 맛에 맞는 양념을 고른다. 엄마가 분량 재는 법과 적당한 분량을 알려주고 아이에게 만들어보게 한다.

⑤ 접시에 보기 좋게 담아 밥과 함께 먹어보고 느낌을 나눈다.

시장 구경하기

가까운 전통 시장으로 나들이를 간다. 찾아갈 시장의 위치와 찾아가는 법을 알아보고 아이 스스로 길을 찾는 활동이다. 시장은 되도록 대중교통으로 갈 수 있는 곳으로 정한다. 엄마는 아이에게 길을 가르쳐주지 말고 뒤따라간다. 시장에서 사고 싶은 물건 목록을 짠다. 이에 맞게 적절한 비용을 준비한다.

준비물

메모지, 연필, 전통시장 약도, 돈

놀이법

① 여러 대중교통 이용하는 법을 알아보고 전통 시장에 갈 방법을 정한다. 가는 방법을 단계별로 메모하고 약도도 준비한다. 아이 혼자서 하나하나 단계 대로 전통 시장을 찾아가게 한다. 엄마는 서너 걸음 뒤에서 아이가 가는 대로 따라간다. 위험한 행동만 막아주고, 아이가 틀린 길로 가도 스스로 깨달을 때까지 따라간다. 아이는 판단하며 선택하는 경험을 통해

자신감을 얻게 된다. 목적지에 도착하면 서로 느낌을 나눈다. 엄마는 아이가 틀린 길로 간 것을 지적하기보다 길을 찾아낸 노력과 용기와 판단에 주목하여 칭찬한다.

② 시장에 도착하면 함께 구경하며 계획한 물건을 산다. 책에서 본 비슷한 가게도 찾아보고 여러 가지 물건을 구경한다.

경험을 생생하게
쓰기

활동 경험을 생생하게 쓴다. 보고 듣고 만지고 맛본 느낌과 스스로 한 일을 써본다. 나물 반찬을 만들거나 시장을 구경하면서 겪은 일을 떠올린다. 생각나는 대로 거침없이 써도 좋고, 미리 쓸 내용을 계획해서 써도 좋다.

계획할 때는 어떤 일들을, 어떤 순서로 쓸지 큰 덩어리로 잡아보고, 화이트보드에 적어놓는다. 가령 지하철 타기, 모란 시장 구경, 물건 사기, 돌아오기로 덩어리를 정했으면, 차례에 따라 각 덩어리에서 생각나는 대로 쓴다. 글이 완성되면 아이에게 읽어보게 한다. 아이가 자신의 경험을 충분히 표현했으면 함께 읽어보고 서로 느낌을 이야기해본다.

예) 시장에서 시금치를 샀다. 이천오백 원이었다. 시금치 중간을 끈으로 묶었다. 엄마는 뿌리가 없다고 했다. 누가 잘랐나? 뿌리가 있던 자리에 분홍색 물이 들어 있었다. 물방울이 이파리에 묻어서 촉촉했다. 흙가루도 있었다. …….

4부

주제에 따른
책 읽기

학교생활 『슈퍼스타 우주 입학식』
가족의 소중함 『나, 이사 갈 거야』
따뜻한 마음 갖기 『또야 너구리가 기운 바지를 입었어요』
자아 존중감 찾기 『진짜 별이 아닌 별이 나오는 진짜 이야기』
친구 사이의 우정 『훈이 석이』
장애 받아들이기 『어떤 느낌일까?』
다문화 이해하기 『내 이름이 담긴 병』
두려움 극복하기 『어른이 되면 괜찮을까요?』
인성 교육 『아쿠바와 사자 1, 2(용기, 신뢰)』

학교생활이 즐거워지는 이야기

바른 생활 1학년 1학기 1. 즐거운 학교
바른 생활 1학년 2학기 2. 차례를 지켜요
바른 생활 2학년 2학기 1. 소중한 약속

심윤경 글 | 윤정주 그림 | 사계절

아이가 어떻게 학교생활에
적응해가는지 생각해보자

엄마가
먼저읽기

　1학년 아이들은 대체로 학교생활을 즐거워한다. 또래 친구들이 모여 있고, 선생님을 만날 수 있고, 학습 활동도 흥미롭기 때문이다. 아침마다 책가방을 둘러메며 학생이 된 뿌듯함을 느낀다. 하지만 정도의 차이가 있을 뿐 제멋대로 행동하지 못하는 점은 대부분 힘들어한다. 정해진 시간에 학습하고 선생님 말씀에 귀 기울이며 자신을 통제해야 하는 일은 학교생활을 막 시작하는 아이들에게 가장 큰 도전 과제이다.

　아이에게는 얼마나 자신을 드러내고 얼마나 학교라는 조직 사회에 맞출지 자기만의 방식으로 실험하고 적응하는 과정이 필요하다. 스스로 깨닫지 못하더라도 그런 일은 일어난다. 그래서 처음에 무리 없이 적응하던 아이가 2학기들어 그동안 하지 않던 행동을 하기도 한다. 엄마는 아이의 내면에서 어떻게 사회성이 발달하고 있는지 이해해야 상황에 따라 적절하게 도와줄 수 있다.

이 책의 주인공 호찬이는 엄마의 계획이 마음에 들지 않는다. 학교 입학 준비로 그림일기부터 덧셈 뺄셈, 영어 동화에 한자까지 익혀야 하니 말이다. 하지만 멋진 로봇 앞에서 호찬이는 그만 매일 일기를 쓰겠다고 약속을 하고 만다.

호찬이는 로봇 놀이를 할 때는 몰랐는데, 막상 일기를 쓰려니 괴롭다. 로봇얘기를 쓰자니 글씨가 어렵다. 우물쭈물하다 목이 마르는가 하면 똥도 마렵다. 이를 지켜보는 엄마 얼굴은 점점 일그러지고, 호찬이는 정말 어떻게 일기를 써야 하는지 모르겠다. 호찬이는 결국 가까스로 귤 먹은 것밖에 생각이 안 난다는 내용의 두 문장을 쓴다. 엄마는 결국 웃음을 터뜨리고, 공부 계획을 포기한다.

입학 날이 코앞으로 다가오자 할머니는 호찬이에게 멋진 양복을 선물한다. 그러나 호찬이는 까마귀 같은 검은 양복이 마음에 들지 않는다. 그래서 좋아하는 반짝이 별을 잔뜩 붙인다. 그제야 까마귀 같던 옷은 마음에 드는 슈퍼스타 우주 양복이 된다.

호찬이는 코트 안에 슈퍼스타 우주 양복을 입고 입학식에 간다. 그런데 옆자리에 앉은 은지라는 친구와 말다툼을 하다 일을 저지르고 만다. 그만 교장 선생님의 축하 말씀 중에 벌떡 일어나 코트를 벗어 들고 '슈퍼스타 우주 호찬이'라고 양복 자랑을 해버렸다. 사람들은 놀라고 엄마는 달려왔다. 입학식은 웃음 바다가 되었다. 교장 선생님은 너그럽게 이해해주셨다.

호찬이는 친구들과 한바탕 신나게 놀고 집으로 돌아온다. 너무 놀아 몸이 쑤셨지만, 학교와 친구들이 마음에 들어 기분은 좋다.

이 책은 자기만의 방식으로 학교를 받아들이는 호찬이를 통해 아이들의 마음을 보여준다. 어른들은 늘 아이가 눈에 띄는 학습 능력을 발휘하기를 바란다. 하지만 호찬이는 그냥 자기 자신을 드러내고 싶다. 호찬이의 눈에는 시키는 공부는 뭐든 잘하고 어른들이 기분 좋을 말만 골라서 하는 규태가 오히려 이상해 보인다.

우리 어른들은 학습 능력을 중심으로 아이의 학교생활을 이해하고 지도한다. 아이의 학교가 아닌 어른의 학교에 다니게 하려는지도 모른다. 아이는 아이의 학교에 다녀야 행복하다. 호찬이도 언젠가 한글, 덧셈 뺄셈, 영어 공부에 골몰하게 되겠지만, 적어도 처음 학교에 다니게 되었을 때만큼은 자기만의 방식으로 적응하는 과정이 필요하다. '어른의 학교 우등생' 규태는 놀이판에서 쉽게 울음보를 터뜨릴 만큼, 아이의 학교에서는 열등생이 될 수 있다.

호찬이처럼 누구나 스스로를 드러내고 싶은 순간이 있다. 그런 행동이 겉보기에 괜찮을 수도 있고 나무랄 만할 수도 있다. 중요한 것은 아이의 속마음이다. 자신이 몸담고 있는 사회에서 자기가 받아들여지고 있는지, 중요한 존재인지 확인받고 싶다. 이때 부모는 아이의 마음을 읽어주어야 한다. 또 아이에게 아이의 행동이 모두에게 영향을 준다는 것을 알게 해야 한다.

사회에서 자기 존재가 중요하다는 사실을 깨달은 아이는 자연스럽게 자신이 속한 사회 역시 중요하다고 생각한다. 아이는 약속을 지킬 마음이 생기고 학교는 비로소 아이의 학교가 된다.

나의
학교생활

책을 읽은 후 학교생활에 대해 이야기를 나눠보자. 아이가 입학할 때, 처음 교실에 들어갔을 때, 선생님을 만났을 때 어떤 느낌이 들었는지 편하게 떠올려 보도록 한다. 재미있는 에피소드를 떠올리거나 입학식 때의 사진을 함께 보아도 좋다. 입학하기 전이라면 학교에서 어떤 일을 경험하고 싶은지 이야기해본다.

학교가
좋아요

학교의 좋은 점, 학교생활에서 지키기 힘든 약속 등을 이야기해본다. 이를 통해 학교에 대해 좋은 느낌을 갖게 되고 어떻게 생활할지도 생각해보게 된다.

준비물
화이트보드, 보드마카, 점착 메모지, 연필
놀이법
① 학교에서 좋아하는 것들을 생각하고 메모지에 하나씩 적어본다. 아이가 스스로 쓰기 어려워할 경우에는 엄마가 아이의 이야기를 듣고 하나씩 메모지에 간추려 적는다.

② 화이트보드에 크게 학교 건물을 그린 후, 메모지를 창문처럼 붙인다.

③ 함께 메모지를 읽어본다. 아이는 좋아하는 점이 많이 붙어 있는 것을 보며 학교생활에 더 좋은 느낌을 갖게 된다.

④ 다른 색 메모지에 지키기 힘든 약속이나 어긴 적이 있는 약속을 생각해 적어본다. 학교 창문처럼 다시 붙이고, 그때의 마음이 어땠는지 솔직하게 이야기를 나눈다.

⑤ 아이가 약속을 어기는 상황을 선생님 놀이로 재연해본다. 아이가 선생님이 되어보고, 역할을 바꾸어 엄마도 선생님이 되어본다. 또 다른 아이도 되어본다.

이때 엄마는 아이의 잘못을 탓하거나 가르치려들지 말고 다른 아이나 선생님의 곤란한 상황과 마음을 표현하는 데 집중한다. 되도록 밝고 즐거운 분위기로 이끌면서 아이 스스로 어떤 행동을 하면 어떤 결과가 나오는지 깨닫게 한다. 놀이 전과 후, 약속의 가치에 대한 생각이 어떻게 달라졌는지 이야기를 나눠본다.

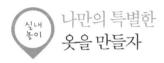

나만의 특별한 옷을 만들자

호찬이처럼 개성을 살려 특별한 옷을 만들어본다.

준비물
옷, 잡지, 색종이, 기타 장식물, 셀로판테이프, 휴대폰(카메라)

놀이법
① 자신을 표현할 수 있도록 좋아하는 주제를 선택한다.
② 주제와 관련된 잡지 사진이나 그림, 색종이, 장식물을 이용해 옷을 꾸미고 셀로판테이프로 붙인다. 색종이를 접어서 붙여도 된다.
③ 작거나 낡아서 못 입게 된 옷을 새롭게 디자인해도 좋다. 구멍을 내거나 다른 옷을 연결해 새로운 옷을 만든다.
④ 직접 꾸민 옷을 입고 사진을 찍고 느낌을 이야기해본다. 옷을 벽에 붙이거나 걸어 전시한다.

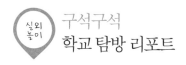

구석구석
학교 탐방 리포트

학교와 주변을 탐방하는 리포터가 되어본다. 주제는 학교에서 재미있었던 일과 그 장소이다.

준비물

메모지, 연필, 동영상 촬영 기능이 있는 기기(휴대폰이나 디지털 카메라)

놀이법

① 먼저 학교와 주변에서 일어난 재미있었던 일을 떠올리며 이야기를 나누고 메모지에 정리한다.

② 교실 밖에서 일어난 일을 중심으로 장소를 찾아간다.

③ 아이가 리포터가 되어 장소와 사건을 이야기하고 엄마가 동영상으로 촬영한다. 아이가 혼자서 이야기하기 어려워할 경우에는 엄마가 질문하고 대답하는 형식으로 촬영한다.

　예) 정글짐 - 친구 석이와 올라가기 놀이를 했습니다. 올라가보니 굉장히 무서워서 덜덜 떨며 내려왔습니다.

④ 몇 군데 장소를 더 다니며 촬영한다.

⑤ 집에 돌아와 동영상을 보면서 이야기를 나눈다. 이러한 과정을 통해 아이는 즐거운 추억을 떠올리며 학교에 대한 좋은 느낌을 갖게 된다.

우리 학교를 소개합니다!

　학교를 소개하는 글을 써본다. 학교를 다니며 느낀 좋은 점, 즐거웠던 일, 자랑거리를 생각하며 친척이나 할아버지, 할머니에게 소개하는 글을 쓴다.

아이, 자아 찾기 여정을 시작하다

바른 생활 1학년 1학기 3. 가족은 소중해요
국어 2학년 1학기 3. 이런 생각이 들어요
바른 생활 2학년 2학기 5. 화목한 가정

아스트리드 린드그렌 글 | 햇살과나무꾼 옮김 | 논장

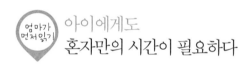

아이에게도
혼자만의 시간이 필요하다

가족은 서로를 잘 안다. 가릴 것도 감출 것도 없이 있는 그대로 살아간다. 점잖은 아버지가 속옷 바람으로 거실을 휘젓고 다녀도 그러려니 한다. 아이가 방귀를 끼면 모두 까르르 웃음을 터트리게 된다. 가족은 함께 살면서 각자의 모습을 속속들이 드러낼 수밖에 없다. 그러므로 그럴싸한 모습만 보일 필요가 없다.

가족 안에서 아이의 입장은 어떨까? 부모와 아이는 부부처럼 어른이 되어 만난 사이가 아니다. 아이는 아기로 태어나면서 가족의 구성원이 되었다. 엄마는 젖 주고 기저귀 갈며 키워냈으니 내 아이의 모든 것을 안다고 자부한다. 그러다 보니 엄마에게 아이는 늘 아이다. 때로 아이는 자신이 엄마에게 늘 아이라는 점이 불만스럽기만 하다.

그렇다고 엄마나 아빠가 될 수 없다는 사실을 아이는 그 누구보다 잘 안다. 걸어 다니고, 말도 할 줄도 알고, 꽤 그럴듯한 일도 종종 해내지만 여전히 부모의 보살핌이 한도 끝도 없이 필요하기 때문이다. 그러나 아이는 이러한 현실이 답답하다.

예전의 자신과는 분명 뭔가 다른데, 무엇이 어떻게 다른지 쉽사리 알 수 없다. 가족이 생각하는 자신의 모습, 진짜 자신의 모습이 서로 허물없는 가족 안에 뭉뚱그려져 있어, 나만의 세계가 존재하는지 도통 알 수 없다. 아이는 가족을 떠나서라도 자신만의 세계를 알고 싶다.

아이들은 『나, 이사 갈 거야』의 로타처럼 괜한 이유로 가족이 모두 밉고 싫을 때가 있다. 가족과 적당히 떨어진 곳에서 자신의 세계를 발견하고 가족의 소중함을 다시 느낄 때가 된 것이다.

로타는 심통이 난 채로 잠에서 깼다. 가장 아끼는 인형 바무세를 언니와 오빠가 때렸기 때문이다. 비록 꿈속이었지만 기분이 나쁘다. 따끔거리는 스웨터도 입기 싫다. 하지만 엄마는 옷을 제대로 입지 않으면 코코아를 마실 수 없다고 한다. 로타는 화가 난다. 있는 힘껏 마룻바닥을 쿵쿵거려도 화는 풀리지 않는다. 그러다 별안간 가위로 스웨터를 잘라버린다. 커다란 구멍이 났다. 로타는 덜컥 겁이 난다.

로타는 집에서 이사 나가기로 결심을 한다. 그래서 엄마에게 스웨터를 던져

놓은 쓰레기통을 보라는 편지를 남기고 떠난다. 하지만 어린 로타가 이사 갈 집이 있을 리 없다. 하는 수 없이 로타는 옆집에 가보기로 한다. 마음씨 좋은 옆집 아주머니는 별채 오두막을 로타에게 내준다. 온갖 낡은 물건들도 함께……

로타는 오두막 다락방을 자신만의 멋진 집으로 꾸민다. 인형 바무세의 침대와 소꿉, 인형과 인형 옷이 있는 새 공간은 로타의 집이 된다. 로타는 옆집 아주머니가 광주리에 담아주는 음식을 먹고 마냥 행복하다.

저녁이 되니 로타의 다락방에 손님들이 찾아온다. 바로 가족인 언니, 오빠, 엄마, 아빠이다. 가족들은 로타에게 집으로 돌아가자고 한다. 하지만 로타는 크리스마스에나 놀러 가지, 그 전에는 가지 않겠다며 다락방에 남는다.

가족들은 하는 수 없이 로타를 두고 집으로 돌아온다. 하지만 깜깜한 밤이 되자 로타에게는 집에 대한 그리움이 밀려오고, 결국 가족이 기다리는 집으로 돌아온다.

『내 이름은 삐삐 롱스타킹』의 작가 아스트리드 린드그렌의 동화이다. 아이의 생트집과 엉뚱한 짓도 마음이 자라는 과정이라는 것을 다섯 살 로타의 가출(!) 사건으로 보여준다.

로타는 가족으로부터 자신을 분리하는 경험이 필요했다. 꿈에서 언니와 오빠가 인형 바무세를 때렸다고 속상해한 것은 생트집만은 아니다. 저를 막내라고 아기 취급하는 게 영 못마땅했던 게다. 그런 마음도 몰라주고 엄마는 꿈이라며 화낼 필요가 없다고 하니 엄마도 미울 수밖에 없다. 로타는 가족에 대한 미움을 스웨터에 구멍을 내는 것으로 표현한다. 그리고 로타는 가족을 떠나 혼자만의 세상을 만든다.

옆집 아주머니와 부모는 철없는 행동이라고 꾸짖기보다 아이의 마음을 자연스럽게 흐르게 둔다. 가족과 떨어진 채 온전히 자기 자신으로 존재할 수 있는 시간을 존중해준다. 아이는 자기 자신으로 존재하면서 한 뼘 더 자랐고 좀 더 의젓한 가족 구성원이 되어 가족들에게 나타난다. 모두에게 행복한 일이다.

보통의 엄마들은 '아이가 온전히 자기 자신이 되고자 할 때 적당한 거리에서 그 시간을 존중할 수 있을까, 고집인지 반항인지 자아 찾기인지 구분할 수 있을까' 하는 의문이 든다. 지혜롭고 정확하게 판단해 때로는 규칙을 고수하거나 때로는 아이를 존중해야 한다. 이러한 자녀 교육은 쉬운 게 아니다. 하지만 고집불통이라 키우기 힘들다는 탄식을 내뱉기 전에 아이의 속마음 읽어주고 아이의 행동을 좀 더 입체적으로 살펴보자. 이번에는 아이의 마음을 몰라줬더라도 다음번에는 알아줄 수 있을 것이다.

언제나 행복하고 웃음이 넘치는 가정은 없다. 완벽한 부모도 없다. 엎치락뒤치락 부딪히고 겪어가며 가족도 아이도 함께 자란다.

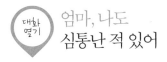

엄마, 나도
심통난 적 있어

가족 때문에 심통 부린 일, 화난 일을 이야기해본다. 엄마가 먼저 이야기하면서 자연스럽게 아이도 이야기해보게 한다. 잘잘못을 따지기보다 그때의 기분을 가벼운 마음으로 이야기한다. 아이가 기억나지 않는다고 하면 억지로 말

하게 하지 않는다. 마음의 준비가 되어야 불만도 이야기할 수 있다. 자연스럽게
다음 활동으로 넘어간다.

로타처럼
트집 잡기 대장이 되어볼까?

한번쯤 마음껏 고집불통이 되어볼 수 있는 기회를 가지면 어떨까? 생트집
도 잡을 수 있는 날이 있으면 어떨까? '고집불통의 날' 혹은 '싫어의 날'을 정
해본다.

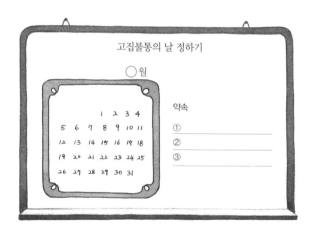

준비물

화이트보드, 보드마카

놀이법

① '고집불통의 날' 혹은 '싫어의 날'의 약속과 날짜를 정한다. 그날은 아이가 마음껏 고집부리거나 싫다고 할 자유를 준다. 또 가족의 싫은 점을 말해보게 한다. 쌓아둔 감정이 없다면 좋지만 있다면 털어놓을 기회가 된다. 서로 너그럽게 받아들이기로 마음먹고 '싫어의 날'을 즐기기로 한다. 엄마, 아빠도 참여하여 가족 구성원이 하루씩 돌아가며 감정을 표출하는 기회를 가져본다.

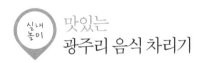

맛있는
광주리 음식 차리기

로타처럼 아이가 광주리에 음식을 넣고 혼자 먹어본다. 또 광주리에 가족의 식사나 간식을 담아 대접해본다. 가족의 몸 상태나 기분을 고려해 메뉴를 정한다. 재료 구입과 조리 방법 등을 계획하고 직접 해본다. 엄마는 옆에서 조언을 해주면서 아이가 하고 싶은 대로 하도록 도와준다.

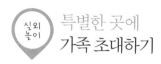

특별한 곳에
가족 초대하기

아이가 직접 공간을 꾸미는 놀이이다. 물건을 골라 자신만의 공간을 꾸미고 가족을 초대해 파티를 열면서 즐거움을 느낄 수 있다.

준비물

공간을 꾸밀 다양한 물건들, 광주리, 음식

놀이법

① 아이가 자기 방이 아닌 곳에 특별한 자기만의 공간을 꾸민다. 놀이터 벤치, 마당이나 거실의 작은 텐트, 탁자 아래 등 안전하면서도 특별한 공간을 창의적으로 생각한다.

② 자신이 좋아하는 물건으로 공간을 꾸미거나 다른 가족 소유의 물건을 잠깐 빌려 공간을 꾸민다. 엄마와 가족들이 도와준다. 아이의 의견을 존중하며 아이디어나 의견을 제시한다.

③ 직접 꾸민 공간에서 하고 싶은 것을 즐기거나 가족들을 초대하여 파티를

열어본다. 광주리에 음식을 담아 재미있는 방법으로 배달해본다.

④ 가족이 아이가 꾸민 공간에서 이야기를 나누며 즐거운 시간을 보낸다. 아이가 특별히 골라놓은 물건들에 대해 이야기하며 왜 그 물건들을 골랐는지 생각을 들어본다.

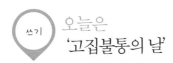

오늘은 '고집불통의 날'

'고집불통의 날'에 일어난 일이나 나만의 공간에서 즐긴 가족 파티 등 가족과 함께한 경험을 겪은 그대로 쓴다. 가족에 대한 마음을 글로 진솔하게 표현한다. 가족들이 함께 써서 하나씩 읽어보는 것도 좋다.

따뜻한 마음 갖기 • 『또야 너구리가 기운 바지를 입었어요』

읽고 공감하며 따뜻한 마음을 품는다

국어 2학년 1학기 4. 마음을 담아서
슬기로운 생활 2학년 1학기 4. 사이좋은 이웃

권정생 글 | 박경진 그림 | 우리교육

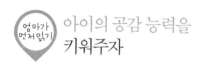

아이의 공감 능력을
키워주자

　우리는 더불어 살아간다. 서로 마음을 느끼고 힘을 모으면서 즐겁고 슬픈 일을 공유한다. 학문이나 예술, 기술 등 자신의 능력을 키우는 것도 더불어 살아가는 사회에서 제 몫을 하기 위해서이다. 도움을 받기만 하는 사람이 아니라 도움을 줄 수 있는 사람이 되려고 하는 것이다. 그래야 가치 있는 존재로서 행복을 느낀다.

　더불어 살아가기 위해서는 나와 다른 사람의 마음을 느끼고 이해할 줄 알아야 한다. 이것이 공감 능력이다. 공감 능력은 예술 활동과 독서, 대화 등을 통해

다듬고 키워나갈 수 있다.

　아이들은 가정에서 형제, 자매와 관계를 맺고 살아가면서 서로를 인정하고 배려하는 마음과 태도를 배워나간다. 혼자 자라면서 부모의 사랑을 독차지한 아이는 다른 친구들과 어울리기보다 자신을 드러내다 실수를 하곤 한다. 부모는 아이에게 자신을 드러내는 일만큼 타인을 배려하는 일도 중요하다는 사실을 깨닫게 해주어야 한다. 그래야 아이가 공감 능력을 키워 다른 사람들과 더불어 살아갈 수 있다.

　『또야 너구리가 기운 바지를 입었어요』를 읽으며 서로 도움을 주고받는 일이 얼마나 아름답고 따뜻한지 느껴보자.

　엄마 너구리는 또야의 구멍 뚫린 반바지를 본다. 엄마 너구리는 또야의 바지를 새로 살까, 헝겊을 대고 기울까 생각하다 예쁘게 기워 입히기로 한다. 또야는 기운 바지가 마음에 들지 않아 당장 새 바지를 사달라고 조른다. 엄마 너구리는 또야를 달랜다. 기운 바지를 입으면 산과 들에 꽃들이 더 예쁘게 피고, 시냇물에는 고기들도 더 많이 와서 잘 산다고 이야기해준다.

　또야는 기운 바지를 입고 나간다. 그리고 은행나무와 시냇물에게 보여주며 더 예쁜 잎이 피고 물고기가 많이 살 거라고 말한다. 선생님에게도 또야는 똑같이 말한다. 선생님은 또야 엄마의 마음을 알고 아이들에게 전한다. 아이들은 너도나도 기운 바지를 입겠노라고 큰소리로 떠들어댄다. 산과 들의 나무와 시냇물의 물고기들까지 들을 만큼…….

　이 이야기는 자연의 모든 생명을 소중히 여기고 배려하는 엄마 너구리의 마음이 모두를 행복하게 하는 동화, 「또야 너구리가 기운 바지를 입었어요」이다. 나머지 다섯 개의 이야기 중에 「물렁감」이라는 짧은 이야기도 있다. 이 동화는 아기 사슴 콩이와 아기 돼지 통통이가 주인공이다. 배가 나온 통통이는 배꼽이 보일 만큼 앞발을 들고 폴짝폴짝 뛰었다. 늘어진 감나무에 달린 감을 따 먹기 위해서다. 저만치 지나가던 콩이가 빠각빠각 걸어와 통통이를 보았다. 콩이는 통통이가 물렁감을 먹고 싶어 하는 걸 알고 모가지를 쭉 뻗어 물렁감 가지를 땄다. 통통이는 고맙다고 인사하며 같이 먹자고 했지만 콩이는 엄마 심부름을 해야 한다며 가던 길을 갔다. 통통이는 혼자 먹으며 생각했다.

'이담에 나도 콩이가 힘든 일이 있으면 도와줘야지.'

이 이야기는 친구 사이에 서로 돕는 마음이 어떻게 생겨나는지 알 수 있는 동화이다. 이 외에도 책에는 나누고 베푸는 동물과 사람들의 다양한 이야기가 담겨 있다.

『또야 너구리가 기운 바지를 입었어요』를 읽으면 마음씨 고운 주인공을 만난 것만으로도 가슴이 따뜻해진다. 학교와 학원을 오가며 바쁜 일상을 보내는 우리 아이들의 지치고 뾰족해진 마음이 스르르 누그러진다.

친구와 이웃을 넘어, 시냇물의 물고기와 산과 들의 꽃들, 하늘의 별까지 소중히 여기는 엄마 너구리의 마음은 어디서부터 시작되었을까. 아마 우리 엄마들처럼 아기 너구리 또야를 귀하게 여기는 마음으로 다른 생명까지 귀하게 여기게 되었을 것이다. 아기 너구리가 도움을 주고받으며 살아갈 세상이기에 더 귀하게 여겼을 것이다.

사슴 콩이는 아기 돼지 통통이가 얼마나 감이 먹고 싶은지 그 마음을 알았다. 그래서 가던 길을 멈추고 기꺼이 도와주었다. 아기 돼지 통통이는 사슴 콩이가 감을 먹지 않을 줄 몰랐다. 얼마나 고마웠는지! 아마 통통이는 사슴이 아니더라도 누군가 도움이 필요할 때 꼭 나서서 도울 게다. 힘들어하는 친구를 도우면 그 친구가 얼마나 고마워하는지 통통이는 이제 안다.

이처럼 공감 능력은 자신의 감정을 잘 아는 것부터 시작된다. 겪어본 감정을 바탕으로 상대방의 마음을 느낀다. 열린 마음으로 서로를 이해하고 돕는다.

그저 물렁물렁 다른 사람들이 하자는 대로 따르는 착한 행동은 유약하다. 우월한 느낌으로 돕는 행동은 상대방을 도리어 괴롭게 한다. 자신감을 바탕으로 한 공감 능력이 있어야 적극적으로 상대방의 입장이 되어 생각하고 지혜롭게 도움을 주고받을 수 있다.

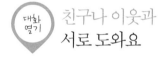

친구나 이웃과
서로 도와요

서로 도움을 주고받은 경험을 이야기하며 그때의 느낌을 나눠본다. 가족들끼리는 어떤 도움을 주고받는지 생각해보고 이야기를 나눈다.

장점으로 돕고, 마음으로 돕기

엄마와 아이의 재능과 장점이 열매처럼 주렁주렁 열린 재능 · 장점 나무를 만든다.

준비물

화이트보드, 보드마카, 점착 메모지

놀이법

① 화이트보드에 나무 두 그루(엄마 나무와 아이 나무)를 그리고 점착 메모지에 재능, 장점을 써서 열매나 잎처럼 붙인다. 각기 다른 색 메모지를 사용하여 두 가지 색의 나무를 만든다.

② 두 사람의 나무를 완성한 후 재능과 장점을 함께 읽어본다.

③ 나의 재능, 장점이 상대에게 도움이 될 부분이 있는지 물어본다. 상대는 필요한 부분을 요청한다. 도움을 주면 어떤 점이 좋아질지 함께 생각한다.

④ 서로 허락하면 재능이나 장점 메모지를 상대방에 옮겨 붙일 수 있다.

⑤ 두 가지 색 메모지가 골고루 붙어 있는 나무를 만든다.

⑥ 나의 재능과 장점이 꼭 필요한 곳을 찾아본다. 자신의 재능과 장점을 활용해 누군가를 기쁘게 할 수 있다면 실천한다.

　예) 노래 잘 부름 → 노래를 불러 할머니 기쁘게 해드리기.

기운 바지
약속표 붙이기

또야 너구리처럼 산, 들, 강을 도우려면 어떻게 하면 좋을지 생각한다. 전기, 물 등을 절약하는 방법을 적은 '기운 바지 약속표'를 만들어 필요한 곳에 붙여둔다.

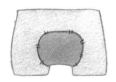

① 수도 꼭지 확인
② 비누칠 할 때 물 잠그기

준비물
2가지 색의 색도화지, 가위, 풀, 사인펜, 셀로판테이프

놀이법

① 색도화지를 바지 모양으로 오린다. 다른 색도화지로 기워 붙인 모양을 오려 붙인다.

② 전기, 물, 석유의 절약 방법을 적어 기운 바지 약속표를 만든다. 여러 개를 만들어 전등 스위치, 목욕탕, 에어컨, 냉장고, 자동차 등에 붙인다.

③ 가족에게 알리고 함께 약속을 지키도록 노력한다.

친구나 이웃 도울 일 찾기

친구나 이웃을 기쁘게 하거나 도와줄 수 있는 일을 찾아 행동에 옮긴다.

놀이법

① 엄마와 아이가 충분히 상의해서 어떤 일을 할지 정한다. 이때 친구나 이웃에 실례가 되는 일은 하지 않도록 주의한다.

　　예) 친구의 동생과 함께 놀아주기, 맛있는 음식 만들어 나눠 먹기, 골목이나 공원에서 쓰레기 한 봉지 줍기 등.

② 정한 일을 실천에 옮긴다.

내가
통통이라면?

    이야기 속 통통이라면 어떤 느낌이 들지 생각하며 사슴 콩이에게 하고 싶은 말을 쓴다. 도움을 주고받을 때 어떤 마음이 드는지를 중심으로 글을 써나간다. 도움이 되는 일을 실천하고 그 경험을 글로 정리해도 좋다.

아이의 삶에 힘이 되는 자아 존중감

바른 생활 1학년 1학기 5. 사이좋은 친구
국어 2학년 1학기 4. 마음을 담아서

오카다 준 글 | 윤정주 그림 | 이경옥 옮김 | 보림

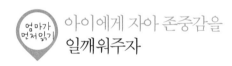

_{엄마가 먼저읽기} 아이에게 자아 존중감을 일깨워주자

　우리는 자신이 중요하다는 느낌인 자아 존중감을 가져야 한다. 자신을 가치 없다고 생각하거나 싫어한다면 스스로를 받아들일 수 없다. 또 자기가 아무것도 아니라고 생각하면 자신의 삶을 당당하게 꾸려나갈 수 없다. 자아 존중감을 가지려면 누구나 있는 그대로 주목받고 인정받고 사랑받아야 한다.

　아이가 스스로를 사랑하고 존중하는 마음을 가질 수 있게 하려면 부모가 자존감을 지니고 있어야 한다. 부모가 스스로를 가치 있다고 여긴다면 그 느낌이 아이에게도 전달된다.

그런데 아이는 학교생활을 하다 보면 여러 아이들 틈에서 열등감을 느끼기도 한다. 영어나 독서 능력이 교육의 중요한 이슈가 되면서 아이들 사이에서도 잘하고 못하고를 따지는 분위기가 형성되기 때문이다. 뭐든 잘할 수도 못할 수도 있지만, 그 때문에 자신에 대한 가치가 흔들린다면 문제가 된다.

마코네 반 선생님은 백 점 맞은 아이들에게 별 스티커를 준다. 마코는 여덟 개의 별을 야구 모자에 붙이고 다닌다. 많지도 적지도 않은 개수다.

어느 날, 선생님이 새로운 규칙을 발표한다. 백 점을 맞았더라도 같은 모둠에 빵점 받은 아이가 있으면 스티커를 주지 않겠다고 말이다. 마코네 모둠에는 스티커가 하나도 없는 신이가 있다. 또 스티커가 서른여덟 개인 요시코도 있다. 어느 날, 백점을 맞은 요시코는 빵점을 받은 신이한테 면박을 준다. 이를 본 같은 모둠의 잇페이는 공부를 가르쳐준 적도 없으면서 왜 그러냐고 요시코에게 따진다.

잇페이와 마코는 신이에게 숙제를 가르쳐주기로 한다. 신이가 무시당하는 꼴을 보면 울화통이 터져서다. 아무도 없는 교실에서 숙제와 씨름하던 세 아이는 지우개를 찾다가 선생님 책상에서 별 스티커를 발견한다. 자그마치 오천이백서른아홉 개의 별이다.

잇페이는 스티커를 훔쳐 화장실에서 오줌을 누고 있는 신이에게 준다. 신이는 스티커를 화장실 변기에 하나씩 붙인다. 마코는 나쁜 짓을 저질렀다며 화를 낸다. 하지만 잇페이는 스티커 여덟 개를 받았다고 우쭐대지 말라며 도리어 마코에게 심한 말을 한다. 마코와 잇페이는 둘 다 마음이 상해버린다. 칭찬으로 받은 별 때문에 상처만 남는다.

다행히 이야기 마지막에는 세 아이들 모두 특별한 별을 갖게 된다. 바로 서로가 서로의 마음을 알아주며 이마에 붙여준 단 하나의 별이다. 야구 모자에서 반짝이던 여러 개의 별들보다 훨씬 아름다운 별 하나가 아이들 마음속에서 소중하게 빛난다.

『진짜 별이 아닌 별이 나오는 진짜 이야기』에는 칭찬 스티커를 둘러싼 아이들의 마음이 섬세하게 그려져 있다. "훌륭해", "잘했어"라는 선생님의 칭찬 한마디와 별 스티커를 얼마나 바랐을지, 신이를 생각할수록 마음이 짠하다. 말로는 뭐든 한 가지만 잘하면 된다면서 속으로는 공부 잘하는 것만 중요하게 여기는 우리 어른들 때문이다. 지금도 어디선가는 또 다른 잇페이와 신이와 마코와 요시코가 마음이 상한 채, 진짜 별도 아닌 별을 세고 있을지 모른다.

고래도 춤추게 한다는 '칭찬'은 정말 무섭다. "잘했다"라는 말을 들으면 못하기 싫다. 달콤한 협박이랄까. 실패를 하더라도 새로운 것에 도전하고 싶다는 호기심과 모험심의 날개를 꺾어버린다. 아이가 자신만의 특별한 가능성을 펼칠 수 있는 기회를 가로막는다. 또 아이의 존재보다 결과를 우위에 두는 듯하다. 잘못된 칭찬은 오히려 아이의 자아 존중감을 떨어뜨린다.

칭찬을 할 때는 결과물보다 아이가 과정에서 느낀 즐거움과 노력의 가치에 주목하자. "열심히 했구나", "얼마나 재미있었어?", "어떻게 이런 생각을 했는지 궁금하다"라는 말로 아이의 느낌과 가능성을 존중해주자.

우리 아이들은 자랄수록 더욱 심한 비교와 경쟁 상황에 놓이게 된다. 아무리 잘해도 더 잘하는 누군가를 만나게 된다. 이때 자신의 가치와 가능성, 있는 그대로의 느낌과 생각을 존중받은 아이라면, 그럼에도 불구하고 자신이 중요하다고 느낄 것이다. 오히려 특별한 자기만의 세계를 만들어나가기 위해 새로운 도전을 해나갈 것이다. 또 사람을 소중하게 여기며 서로 존중하고 이해하며 협력해나갈 것이다.

 ## 신이와 친구들 마음에
공감해요

잇페이와 신이, 마코, 요시코의 마음이 어떻지 생각해본다. 열심히 했는데도 좋은 결과가 나오지 않았던 때를 떠올려보고 이야기를 나눈다. 엄마가 아이에게 신이가 아무도 칭찬하지 않은 화장실에게 별을 붙여줬듯 열심히 제 몫을 하고 있는데도 칭찬받지 못한 사람이나 물건을 찾아 칭찬해보자고 제안한다.

 ## 꼭꼭 숨겨진
칭찬거리 찾기

화이트보드에 아이와 가족의 얼굴을 그리고 칭찬거리를 찾는다.

준비물

화이트보드, 보드마카, 점착 메모지, 연필

놀이법

① 평소에 흔히 하는 칭찬 말고 새로운 칭찬거리를 찾는 활동이다.

② 점착 메모지에 칭찬 내용과 느낌을 적어 각자의 얼굴 그림 위에 붙인다. 그 칭찬거리에 대한 가족 당사자의 느낌을 묻고 함께 이야기를 나눈다.

③ 가족을 돕는 물건, 장소, 동물, 사람에 대한 칭찬거리도 찾아본다. 점착 메모지에 칭찬하는 마음을 적어 물건이나 장소에 붙인다. 가족과 서로 느낌을 나눈다.

　예) 신발장 : 예쁜 신발이 망가지지 않게 잘 보관해주고, 현관이 지저분해지지 않게 도와주니 고마워. 덕분에 현관을 지날 때마다 기분이 상쾌해.

가장 멋진 나
그리기

아이가 자신의 가장 멋졌던 모습을 떠올리고 그 모습을 그린다.

준비물

도화지, 크레파스, 연필

놀이법

① 아이에게 자신이 가장 멋지다고 느낀 순간을 떠올리게 한다. 기억이 나지 않는다고 하면 미래의 모습을 생각하게 한다.

② 도화지에 그때의 모습을 그리게 한다. 엄마와 아이가 함께 정성껏 그림을 완성한다.

③ 그림의 제목을 정해 도화지에 쓴다.

④ 그림을 집 안에 전시한다.

나만의 올림픽

경기 종목을 정해 나만의 올림픽을 개최한다.

준비물

상자(마분지), 목걸이 줄, 가위

놀이법

① 상자나 마분지를 오리고 목걸이 줄을 달아 세 개의 메달을 만든다. 각각의 메달에 '열심상', '행복상', '흥미상' 등 상 이름을 쓴다.

② 경기 종목은 평소 좋아하는 신체 운동 종목으로 3~5가지 정한다.

　　예) 줄넘기, 철봉에 오래 매달리기, 빨리 달리기, 멀리 뛰기, 한 발로 오래 서 있기, 윗몸 일으키기, 고무줄 높이뛰기 등.

③ 엄마가 심판을 보고 기록을 재면서 경기를 하나씩 해나간다. 한 가지에 두 번씩 도전하면서 좋은 기록을 위해 노력한다. 엄마도 함께 한다.

④ 기록과 경기할 때의 느낌을 고려하여 메달을 수여한다. 시상식을 열고 메달 이름에 어울리는 경기를 치른 종목을 골라 시상한다.

　　예) 철봉 오래 매달리기 종목의 열심상, ○○○선수.

나에게 편지 쓰기

아이 스스로 자신을 격려하고 응원하는 편지를 쓰게 한다. 예쁘거나 멋져 보일 때, 자랑스러울 때, 행복하고 즐거울 때를 생각하며 글감을 찾게 한다. 편지가 완성되면 소리 내어 읽어보게 한다. 엄마가 다시 읽어주거나 함께 녹음해서 다시 들어보며 마음으로 받아들이는 시간을 갖는다.

아이들은 친구와 놀면서 사회를 배운다

바른 생활 1학년 1학기 5. 사이좋은 친구
국어 1학년 2학기 4. 다정하게 지내요

오시은 글 | 박정섭 그림 | 문학동네어린이

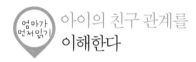

아이의 친구 관계를
이해한다

갓 입학한 아이들은 특별한 경우를 제외하고는 여러 아이들과 두루두루 친하게 지낸다. 그러다 학년이 올라가면서 마음이 맞는 친구를 사귀며 우정을 배워간다. 친구는 사회성을 키워나가는 중요한 관계이며 아이가 만나는 또 하나의 세상이다.

아이와 친구 사이에는 놀이가 있다. 놀이는 즐거움을 추구하는 것이 목적이다. 이 순수한 목적을 위해 친구들은 협력한다. 자기 자신을 내던지고 몰입하며 함께 즐거움을 느낀다. 그 과정에서 인격과 능력을 드러내고 엄중한 평가를 받게 된다. 규칙을 준수하지 않거나 서로를 존중하지 않으면 놀이의 구성원 자격을 박탈당할 수 있다.

아이들의 놀이 세상은 축소된 사회이다. 서로 적도 되고 동료도 되는 인간관계의 연습장이다. 아이는 친구와 놀이를 하면서 놀이 규칙 외에 보이지 않는 인간 사이의 규칙까지 직접 느끼고 배운다.

훈이와 석이는 궁전 빌라 이층에 산다. 동글동글 훈이와 길쭉한 석이는 생김새는 달라도 개구쟁이 짓이라면 찰떡궁합이다. 둘은 신나는 놀이 찾기 선수이다. 요구르트 수레로 기관차 놀이를 하는가 하면 해오라기가 되어 물고기를 잡기도 한다. 누군가 대장이 되어 '척' 나서면, 다른 친구는 부하가 되어 '척' 나선다.

그러던 어느 날, 문제가 생긴다. 물고기가 마음처럼 잡히지 않자 둘 다 짜증이 난다. 훈이와 석이는 서로 상대방 탓이라며 싸운다. 집으로 돌아와서도 분이 풀리지 않아 씩씩거리다가 그만 엄마들까지 화나게 만든다. 자기들끼리 엄마들 흉을 본 얘기까지 다 해버리고 만 것이다. 이 일로 인해 요구르트 배달과 미용 일로 서로 도움을 주고받던 엄마들 사이까지 틀어진다.

훈이와 석이는 더 이상 함께 놀지 못하는 사이가 된다. 이제 동네를 아무리 어슬렁거려도 재미있는 생각이 나지 않는다. 만화영화를 보거나 컴퓨터 게임을 해도 지루하고 심심하다. 둘은 깨닫는다. 엄마들 흉본 얘기는 비밀로 할 걸 그랬다고.

단짝 친구답게 뭐든 착착 맞아떨어지는 훈이와 석이는 함께 엄마 잃은 고양이를 발견한다. 이를 계기로 둘은 다시 힘을 합치고, 결국 엄마들도 화해한다.

둘은 비오는 날 뱃놀이를 하며 비밀을 지킬 것과 영원한 우정을 맹세한다.

『훈이 석이』 이야기는 활기차고 즐거움 가득한 아이들의 놀이 세계를 보여준다. 신나는 놀이뿐 아니라 싸움도 생생하게 그리고 있다. 심심 타파 놀이 동무였던 훈이와 석이는 싸움을 통해 서로가 얼마나 소중한 존재였는지 깨달았다. 둘 사이가 유일하고 특별한 세계라는 것을 알게 되었다. 둘 사이는 어떤 비밀도 지키고 느끼는 바를 마음껏 표현하며 어떤 엉뚱한 생각도 재미있는 놀이로 만드는 신나는 세계이다.

즐거움과 의리가 바탕이 된 친구 사이는 자아를 넘어 더 큰 자아를 느끼게 한다. 아이는 친구와 놀면서 엄마라도 함부로 침범할 수 없는 확장된 자아의 세계를 알게 된다. 또 자연스럽게 인간관계의 경계를 깨닫는다. 나와 남의 경계, 나와 가족의 경계, 어떤 것이 안이고 어떤 것이 밖인지 파악하게 된다. 남을 받아들이면서도 자신을 주장하는 법, 함께 추구하는 것을 위해 자신을 쏟아붓는 법, 사람과 사람 사이의 신뢰를 이어가는 법을 자연스럽게 익혀나간다.

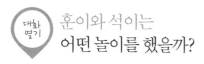

훈이와 석이는 어떤 놀이를 했을까?

훈이와 석이의 놀이를 하나씩 떠올리면서 어떤 재미가 있었는지 생각해본다. 비슷한 놀이를 한 경험과 함께 놀면 신나는 친구에 대해서도 이야기해본다.

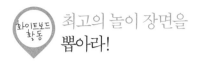

최고의 놀이 장면을
뽑아라!

재미있게 놀았던 경험을 떠올리고 그 상황을 만화로 그려본다.

준비물

화이트보드, 보드마카

놀이법

① 즐거운 놀이 베스트 3, 함께 놀면 재미있는 친구 베스트 3, 엄마가 어릴 적
　놀았던 즐거운 놀이 베스트 3, 엄마의 친한 친구 베스트 3을 뽑는다.

② 화이트보드에 친구와 놀았던 일 중 최고의 장면을 만화로 그려본다. 말풍
　선을 그리고 친구와 나눈 말을 적는다.

③ 엄마와 아이가 대화를 나누며 아이가 친구와 놀았던 장면을 연출해본다.

④ 엄마가 좋아하던 놀이를 뽑아 최고의 장면을 그리고 아이와 함께 노는 장면으로 꾸민다. 엄마 놀이와 아이 놀이의 비슷한 점과 다른 점을 찾아본다.

⑤ 친구와 싸웠던 장면도 같은 방법으로 그려본다.

비밀 캡슐 만들기

친구 사이의 비밀을 담은 타임캡슐을 만든다. 쓰지 않는 철제 상자나 마개가 닫히는 플라스틱 통을 캡슐로 삼는다. 친구와 함께 만들어 보관한다.

준비물

종이, 연필, 캡슐 통

놀이법

① 절친한 친구와 비밀 캡슐을 만들자고 한다. 먼저 엄마와 만들어보고 다음에 친구와 만들 수도 있다.

② 둘만 아는 비밀을 적거나 비밀이 담긴 물건을 캡슐 통에 담는다. 열어볼 날짜를 정하고 셀로판테이프 등으로 뚜껑을 완전히 막는다.

③ 캡슐을 집 앞 화단에 묻거나 장롱 속 깊이 보관한다. 약속 날짜 전에는 열지 않기로 하고 약속된 날짜에 풀어본다. 둘만의 캡슐이 있다는 것 자체만

으로 비밀이 있는 특별한 사이가 된다. 캡슐 보관 기간은 자유롭게 정한다. 꼭 길지 않아도 된다. 잊지 말고 약속 날짜에 타임캡슐을 함께 열어본다.

친구와 신나게 놀기

아이는 함께 놀고 싶은 친구, 놀 수 있는 친구를 찾아 놀이 시간을 갖는다. 엄마는 아이들이 컴퓨터 게임만 하지 않고 다른 놀이를 하도록 자연스럽게 이끌어준다. 아이와 친구에게 어릴 적 하던 놀이를 가르쳐주고 함께 놀아도 좋다. 고무줄놀이나 팽이치기, 연날리기, 땅따먹기 등을 해본다.

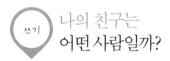

나의 친구는 어떤 사람일까?

친구를 알면 나를 알 수 있다. 친구는 어떤 존재인지를 생각하며 글을 써본다. 나와 닮은 점, 잘 통하는 이유, 잘 싸우는 이유 등을 쓰며 스스로에 대해서도 알아간다. 친구와 즐겁게 논 경험과 친구와 놀기 어려운 경우 등을 글로 쓰며 정리한다.

장애의 벽을 허물고 함께 어울려 살자

슬기로운 생활 1학년 2학기 1. 나의 몸
국어 2학년 1학기 4. 마음을 담아서

나카야마 치나츠 글 | 와다 마코토 그림 | 장지현 옮김 | 보림

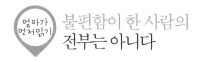

불편함이 한 사람의
전부는 아니다

엄마가
먼저읽기

    문득 드라마의 한 장면이 떠오른다. 그 남자에게서 왜 특별한 느낌을 받았냐는 질문에 휠체어를 탄 여자가 대답한다.

    "마음의 배리어 프리(barrier free)가 느껴졌어."

    '장벽 없는 세상'이라는 뜻의 배리어 프리는 더 이상 계단이나 문턱 등 건축물과 도시 환경에만 한정되지 않는다. 제도적인 장벽이나 심리적 장벽을 모두 포함한다. 장애를 가졌거나 연령이 높아도 불편 없이 더불어 살아갈 수 있는 세상을 만들어간다는 배리어 프리. 장애에 대한 교육을 통해 우리 아이들도 장애인과 비장애인이 서로 마음의 장벽을 허물고 어울려 살아야 한다는 것을 깨닫게 해야 한다. 장애인을 부르는 말과 예절, 장애에 따른 적절한 협력 방법을 이해하게 하고, 서로를 친구와 이웃으로 자연스럽게 받아들이는 마음을 키워주자.

히로는 눈이 보이지 않는 친구 마리에 대해 생각한다.

'눈이 보이지 않는다는 건 어떤 느낌일까?'

히로는 가만히 눈을 감아본다. 까만 화면에 빛 조각 같은 것들이 깜박이다 사라지는데, 신기하게도 많은 소리가 들린다. 히로는 마리를 만났을 때 이야기한다. 안 보인다는 건 참 대단하다고.

히로는 귀가 들리지 않는 친구 사노에 대해 생각한다. '어떤 느낌일까?'라고 생각하며 귀를 막아본다. 그랬더니 안 보이던 엄마 얼굴의 점이 보인다. 엄마의 점이 일곱 개나 된다는 걸 처음 알게 된다. 히로는 사노에게 이야기한다. 안 들린다는 건 많은 것이 보인다는 것이니 참 대단하다고. 게다가 입술 모양을 읽어 말을 알아듣는 사노는 정말 대단하다고 말한다.

히로의 친구 키미는 지진으로 부모님을 잃었다. 히로는 아무리 생각해도 부모님을 잃는 것이 어떤 느낌일지 알 수 없었다. 그래서 히로는 무척 쓸쓸하지 않냐고 키미에게 물어봤다. 하지만 키미는 잠시 생각하더니 그렇지도 않다고 했다.

얼마 후 키미는 히로에게 와서 온종일 쭉 움직이지 않고 있어봤다고 말했다. 키미는 히로가 어떤 느낌일지 궁금해서 그렇게 행동했다고 했다. 그러자 히로는 키미에게 어떤 느낌이었는지 물었다. 키미는 움직일 수 없다는 건 참 대단하다고 말했다. 다른 때보다 백배 더 많은 생각이 떠올랐다고 덧붙였다. 그러면서 히로가 학자 같다고 했다. 히로는 쑥스러워 웃었다. 그리고 생각했다.

'움직일 수 없다는 건 대단한 것일지도 몰라. 나도 대단한 사람일지 모르 지.'

히로는 휠체어에 몸을 누인 채 언제나처럼 많은 생각을 했다.

처음에는 책을 읽으면서 그 누구도 히로의 장애를 알지 못한다. 그저 생각 이 깊은 아이라고 느낄 뿐이다. 친구 키미가 찾아와 히로의 느낌을 알고 싶었 다고 말할 쯤에야 독자는 히로가 장애아라는 것을 눈치 챈다. 그리고 마지막 장에서 히로의 상태를 알고 나면, 그 깊은 생각이 어디에서 비롯되었는지 알 게 되고, 장애의 다른 면을 깨닫게 된다.

장애는 함께 손을 잡을 수 있게 하고, 숨은 가치와 능력을 발견하게 하며, 더 큰 우리를 만들어낸다. 그렇게 하기 위해서 우리는 서로 상대방의 장애를 먼저 생각하고 불편하지 않도록 배려해야 한다. 하지만 동시에 장애가 한 사 람의 전부가 아님을 기억해야 한다. 편리함이 한 사람을 다 말해주지 못하듯 불편함도 한 사람을 다 말해주지는 못한다. 또 어려움과 불편, 슬픔과 마찬 가지로 기쁨과 성취감, 가능성에 대해서도 주목해야 한다.

이 책을 통해 비장애인 아이에게는 일상생활에서 장애가 낯설지 않도록 돕는다. 종교단체나 지역 복지관, 학교에서 가까운 장애인 친구들을 자주 만 나 함께 지낼 기회를 마련해주고 장애인 친구를 대하는 예절과 수칙을 익히 게 한다. 불쌍히 여기는 마음이나 꺼리는 마음이 없이 맑고 밝은 기분으로 대하도록 이끌어준다. 장애인 아이에게는 자신의 불편뿐 아니라 장점도 있는 그대로 받아들이도록 돕는다. 자신감을 가지고 비슷한 관심을 가진 비장애인 친구를 만나 관심사를 중심으로 가까워질 수 있게 한다.

장애와 관계 맺는 건
자연스러운 일

가족이나 친구, 내가 가진 장애가 있는지 이야기한다. 또 가까운 곳에서 장애를 가진 이를 만나지 못하는 경우라도 장애인이 자신과 상관없는 타인이라고 생각지 않도록 이끌어준다. 몸이 불편한 친척이나 이웃, 편찮으신 할아버지, 할머니 등도 언제든 관계를 맺을 수 있는 사이라고 생각하도록 자연스럽게 대화를 나눈다.

대단한 능력과 불편
체험하기

히로처럼 다른 친구들은 어떤 느낌일지를 직접 체험한다. 엄마는 물론 가족과 함께 체험하며 생각과 느낌을 나눈다.

준비물

화이트보드, 보드마카, 안대(수건), 귀마개

놀이법

① 눈 가리기 체험 : 안대로 눈을 가린다. 자기 이름을 써보고 동전과 지폐가 얼마인지를 구분해본다. 거실을 한 바퀴 돌아보고, 인도하는 사람의 손을 붙잡고 계단을 오르내려본다. 시각장애인의 불편과 느낌, 민감해지는 청각에 대해 이야기를 나누고 화이트보드에 그 내용을 적는다.

② 귀 막기 체험 : 일정 시간 귀마개를 하고 생활해본다. 잘 들리지 않는 것이 어떤 느낌인지 경험해본다. 또 입술 모양만으로 말의 뜻을 알아차려본다. 한 사람이 미리 적어놓은 속담이나 낱말을 소리 내지 않고 읽고, 상대방은 읽는 이의 입술 모양만 보고 맞혀본다. 청각장애인이 겪는 불편과 느낌, 들리지 않아서 민감해지는 시각에 대해 이야기를 나누고 화이트보드

에 그 내용을 적는다.

③ 글쓰기를 할 때 화이트보드에 적은 내용을 참고한다.

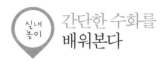

간단한 수화를 배워본다

청각장애인들이 사용하는 수화에 대해 알아보고 간단한 수화를 배운다.

놀이법

① 자기 목소리를 듣지 못하면 말하기를 배우지 못한다. 그래서 청각장애인들은 손으로 말하는 수화를 사용한다. 의사를 확실히 표현하기 위해 표정을 크게 지으며 수화로 대화하는 청각장애인들의 대화법을 이해한다.

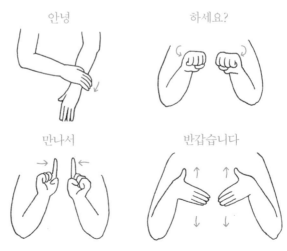

② "안녕하세요? 만나서 반갑습니다"를 수화로 배운다. 인터넷 동영상을 이용하여 수화하는 모습을 직접 보고 배운다.

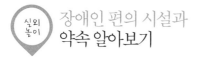

장애인 편의 시설과
약속 알아보기

아파트나 건물, 주차장, 지하철역 등의 장애인 편의 시설을 찾아 사진을 찍어본다. 휠체어가 다닐 수 있는 계단 옆 경사로, 장애인 주차 구역, 점자 알림판 등을 찾아 이용하는 방법과 비장애인이 지킬 예의, 규칙을 알아본다.

장애 체험
일기 쓰기

장애 체험을 일기로 쓰며 장애인 친구들의 생활을 이해한다.

피부색이 달라도 모든 아이들은 친구다

슬기로운 생활 1학년 2학기 1. 나의 몸
국어 2학년 1학기 4. 마음을 담아서
　　　　　　　　 5. 무엇이 중요할까

최양숙 글 · 그림 | 이명희 옮김 | 마루벌

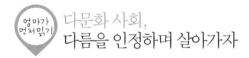

엄마가 먼저읽기 다문화 사회, 다름을 인정하며 살아가자

　사람들은 서로 살아가는 문화가 다르다. 사람마다 각양각색 다르기 때문에 어쩔 수 없다. 한 나라에서 오랫동안 같은 언어를 사용하며 살아왔다는 이유로 공유하는 문화가 분명히 있지만, 그 안에서도 적잖이 다름을 느낀다. 지역, 계층, 가족 문화가 여러 가지 다른 모습으로 우리 안에 존재한다.

　다문화에 대한 이해는 국적과 인종의 차이를 받아들이는 것보다 먼저, 지금 바로 내 곁에 있는 가족과 친구, 이웃과 자신이 다르다는 사실을 있는 그대로 받아들일 때부터 시작된다. 우리는 친밀한 가족과 친구와 '다르면서도 서로 잘 어우러지는 법'을 배워야 한다. 마찬가지로 우리 사회에서 인종, 성, 종교, 국적, 계층이 다른 구성원들과 어울리는 법도 배워야 한다.

문화적 배경이 다른 이들에게 주류 문화만을 강요하면 안 된다. 사회의 큰 흐름에 적응할 수 있도록 도우면서 소수 집단의 문화도 인정해주어야 한다. 세계가 거대한 하나의 마을이 된 지금, 다름을 열린 마음으로 받아들이는 태도가 우리 모두에게 필요하다. 상황에 따라 누구든지 주류에 속할 수도 있고 소수에 속할 수도 있기 때문이다.

은혜네 가족은 미국으로 이민을 갔다. 처음 학교 가는 스쿨버스 안, 은혜는 걱정과 설렘을 스스로 다독이며 나무 도장을 만지작거렸다. 한국을 떠나올 때 할머니가 준 선물이다. 그런데 버스 안 아이들이 호기심을 보이며 말을 걸어왔다. 아이들은 은혜의 이름을 물었다. 은혜가 이름을 말해주었지만 한국말이 낯선 아이들은 제대로 발음을 하지 못했다. 제멋대로 이름을 바꿔 불렀다. 은혜는 부끄러웠다. 그래서 교실에 들어가서도 친구들 앞에서 제 이름을 말하지 못했다. 다음 주 월요일까지 영어 이름을 정해서 알려준다고 말했다.

매일매일 반 아이들은 저마다 이름을 지어 은혜의 책상 위 유리병에 넣어주었다. 은혜는 쪽지를 모두 열어보았지만 쉽게 이름을 정할 수 없었다. 그런데 조이라는 남자아이가 다가와 이름을 묻다가 은혜의 이름이 새겨진 도장을 보았다. 조이는 신기하다며 도장이 찍힌 종이를 받아갔다.

월요일, 이름이 담긴 병이 사라졌다. 은혜는 영어 이름이 아닌 원래 자신의 한국 이름인 '은혜'를 친구들에게 알려주었다. 알고 보니 조이가 은혜의 원래 이름이 좋아 이름이 담긴 유리병을 숨긴 것이었다. 뿐만 아니라 조이는 한국 가게를 찾아가 한국 이름을 짓고 은혜처럼 도장도 새겼다. 조이는 자신의 도장을 은혜의 이름 도장 옆에 찍어 보여주었다. 조이의 새 한국 이름은 '친구'였다.

이 책은 낯선 환경에서 자신의 자리를 찾고 새로운 친구를 받아들이는 아이들의 모습을 자연스럽고 따뜻하게 보여준다.

아이들은 별 생각 없이 누군가의 다른 점을 금방 들춰낸다. 그런데 평범한 호기심과 장난도 이방인이라고 느끼는 사람에게는 큰 어려움과 벽으로 느껴진다. 그러면 누구라도 은혜처럼 있는 그대로 스스로를 드러내기 어렵게 된다. 무리와 비슷해지기 위해 자신의 고유한 그 무엇을 부인하기에 이른다.

은혜와 같이 소수자의 입장에 서면 좋은 영어 이름을 친절히 가르쳐주는 친구도 고맙지만, 어려워도 원래 이름을 불러주는 조이 같은 친구가 필요하다. 은혜는 자신이 받아들여진다고 믿게 되면서 반 아이들에게도 좋은 친구가 될 것이다.

다름을 자연스럽게 받아들이기 위해서는 다름에 익숙해져야 한다. 요즘은 영어 학원이나 국제 교류 프로그램, 여행, 다문화 가정 등을 통하여 새로운 문화를 자주 접하지만 아직도 서로 낯설고 서툴다. 특히 차별하는 말이나 행동, 태도 때문에 소수자들은 많은 불편을 겪는다.

다문화 사회를 살아가는 구성원으로서 우리는 자신의 문화와 가치를 존중하는 만큼 다른 이들의 문화와 가치도 존중하는 태도를 익힐 필요가 있다. 어린 시절에 형성된 다른 문화에 대한 편견은 성인이 되어서도 바꾸기 힘들다. 아이에게 여러 문화를 가진 또래들과 만나 나와 다른 친구를 이해할 수 있는 기회를 만들어주자. 방학이나 주말에 가까운 곳에서 진행되는 다문화

이해 프로그램도 참여해보자. 도서관이나 종교 단체, 복지관 등을 통해 각 나라의 음식이나 옛이야기 등 새로운 문화를 즐겁게 체험해본다.

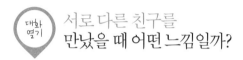

서로 다른 친구를
만났을 때 어떤 느낌일까?

은혜가 처음 미국에 갔을 때 어떤 느낌이었을지 생각해본다. 은혜를 처음 본 미국 친구들은 어떤 느낌이었을지도 생각해본다. 아이와 주변 친구들의 다른 점을 찾아보고, 다른 점을 대하는 스스로의 태도를 살펴본다.

달라서
좋은 친구들

화이트보드에 아이와 가까운 친구들을 간단히 그린다.

준비물
화이트보드, 보드마카

놀이법

① 서로 다른 점을 찾아낸다. 각각 다른 점에 대해서 좋은 면과 나쁜 면을 생각한다.

② 좋은 면을 격려할 때 상대방의 기분, 나쁜 면을 들춰낼 때 상대방의 기분을 생각한다.

③ 친구들과 함께 있을 때 서로 어떤 태도를 갖는 게 좋을지 생각해본다. 인종이나 국가가 다를 때로 확장하여 생각해본다.

　　　예) 원석 - 키가 작다 → 좋은 면 : 귀엽다, 나쁜 면 : 동생 같다.

　　　　　　　　　　　　 → 좋은 면을 격려할 때 : 기분이 좋다.

　　　　　　　　　　　　 → 나쁜 면을 들춰낼 때 : 화날 것이다.

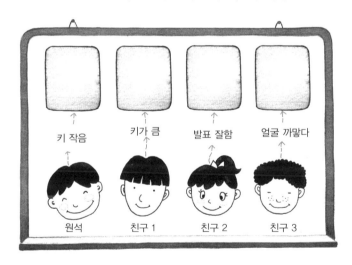

인사말이
담긴 병

세계 여러 나라의 인사말을 배워본다. 그림책에 나온 것과 같은 유리병과 종이를 준비한다.

준비물

유리병, 종이

놀이법

① 종이 한 장에 나라의 이름과 인사말, 인사법을 하나씩 적어 유리병에 넣는다. 여러 나라의 인사말을 적어 넣는다.

여러 나라의 인사말과 인사법

나라	인사말	인사법
태국	사와디 캅	두 손을 기도하듯 가슴에 모으고 고개를 숙인다.
미얀마	밍글라바	양팔을 가슴에 X자로 대고 고개를 숙인다.
베트남	신짜오	두 손을 가슴 앞에 모으고 고개를 숙인다.
브라질	올라	뺨에 키스하는 척 소리를 낸다.
사우디 아라비아	잇살람 말라이쿰	오른손을 왼쪽 가슴에 얹고 인사말을 한다.
티벳	따시델레	친근감의 표시로 자신의 귀를 잡아당기며 혓닥을 길게 내민다.
이스라엘	샬롬	서로 마주 보고 서서 상대방의 어깨를 주무르면서 인사말을 한다.
중국	니하오마	왼손으로 오른손 주먹을 감싸고 가슴까지 올린다. 상대방과 눈을 마주 보며 허리를 살짝 굽힌 후, 감싼 두 손을 내민다.

② 하나씩 꺼내 각 나라의 인사법을 배우고 그 나라의 문화와 사람들의

특징에 대해 알아본다. 인터넷 사진이나 국가의 대표 사이트를 이용한다. 인사법의 의미를 생각하며 진심으로 서로 인사해본다.

③ 모두 익힌 후에 각 나라의 말과 인사법으로 인사를 해보고 나라 이름을 맞히며 퀴즈 놀이를 한다.

박물관 관람하고
다양한 체험하기

다문화 박물관이나 남미 박물관, 아프리카 예술 박물관 등을 찾아가 여러 문화를 알 수 있는 전시회를 관람한다. 복지관이나 문화센터에서 여는 체험 행사에 참여한다.

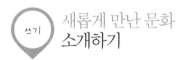

새롭게 만난 문화
소개하기

관람 활동이나 체험 활동으로 알게 된 새로운 문화를 소개하는 글을 쓴다. 알게 된 사실을 간추려 설명하는 글을 쓴다. 글의 얼개를 정해 짜임새 있게 쓴다.

누구나 겁내면서 한 걸음씩
인생을 향해 나아간다

국어 1학년 2학기 6. 이렇게 해보아요
국어 2학년 2학기 4. 마음을 주고받으며

스티안 홀레 글 · 그림 | 이유진 옮김 | 웅진주니어

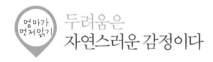

두려움은
자연스러운 감정이다

아이가 자주 두려움을 느낀다면 어떻게 할까? 지나치게 두려움을 느끼면
일상생활에 지장을 줄 수도 있는 만큼 부모는 아이가 왜 두려워하는지 그 원
인을 알아내 올바르게 대처하는 것이 좋다.

아이가 느끼는 두려움은 주변 환경의 영향을 받는다. 자라면서 언제나 친
밀하게 접하던 것에는 두려움을 느끼지 않을 가능성이 높다. 그런가 하면 지
나치게 보호받고 자랐을 때는 혼자 무언가 시도하는 경험을 두려워할 수 있
다. 아이는 자라면서 스스로 자립심을 시험해보는 작은 모험들을 해야 두려

움을 극복하는 방법도 깨닫게 된다.

입학이나 캠프 가기, 학원 다니기 등 아이가 새로운 환경에 대한 두려움을 느낄 때 무조건 용감해지기를 강요하기보다 두려움을 공감하며 침착하게 대처한다. 두려움을 비판받으면 아이는 자신감을 갖고 도전해나가기 어렵다. 부모가 두려움에 맞설 동지가 되어주어야 한다. 그래야 아이도 스스로 적극적으로 두려움을 극복하기 위해 노력하기 시작한다.

가르만은 곧 학교에 들어간다. 그래서 겁이 난다. 여행을 와서 가르만 집에 얼마간 머물게 된 세 할머니는 각각 겁나는 것을 가르만에게 얘기해준다. 할머니들은 외출할 때 노인용 보행기를 쓰게 될까 봐 걱정하고, 죽음으로 가르만과 헤어지게 될 일을 두려워한다. 또 미끄럽고 추운 겨울이 겁난다고 한다. 가르만은 이상하다. 겨울을 상상하면 신나는 일뿐이기 때문이다.

가르만과 같이 학교에 입학할 이웃집 쌍둥이 여자애들은 앞니가 다 빠졌고, 자전거 타기, 울타리에서 걷기, 물속에 머리 넣기까지 잘한다. 글을 읽고 어려운 낱말도 쓸 줄 안다. 가르만은 이웃집 쌍둥이 여자아이들과 자신을 비교해보니 마음이 급하다. 아무리 흔들어봐도 이가 빠질 기미가 없다.

가르만은 아빠에게 아빠도 겁나는 게 있느냐고 묻는다. 관현악단의 연주자인 아빠는 엄마와 가르만을 두고 연주 여행을 가는 게 겁난다고 한다. 또 언제나 연주하기 전에는 겁이 난다고 한다. 아빠는 말한다. 세상에 겁나는 게 없는 사람은 없을 것 같다고. 뭐든지 잘하는 이웃집 여자애들도 마찬가지일 거라고.

가르만은 죽은 새를 땅에 묻으며 사람이 하늘나라로 떠나는 일에 대해 생각한다. 별로 떠나기 전에 누구나 지렁이가 사는 땅에 묻혀 흙이 되어야 한다고 생각한다. 언제 하늘나라로 갈지 모르는 할머니들이 집으로 떠나고, 가르만은 학교 갈 준비를 한다. 입학식까지는 열세 시간이 남았다. 가르만은 여전히 겁이 난다.

이 책은 새로운 시작을 앞둔 아이의 불안을 담담하고 차분한 어조로 보여준다. 아이는 자신을 둘러싼 세상과 사람들을 관찰하면서 스스로 질문하고 생각한다. 누구나 제각각 겁나는 일이 있음을 알게 되지만 입학에 대한 불안은 끝까지 사라지지 않는다. 오히려 세 할머니들을 통해 삶과 죽음에 대한 근원적 불안으로 상승된다.

그래도 달라졌다. 적어도 아이는 겁내는 걸 겁내지 않는다. 누구나 겁내면서 한걸음씩 인생을 향해 나아간다는 사실을 배웠다. 겁을 잊거나 과소평가하기보다는 스스로 감정을 다루면서 극복해나가는 법을 배웠다.

불안을 야기하는 두려움은 쉽게 없앨 수 없다. 사라진 듯했다가도 언제든 다시 고개를 든다. 이러한 모습은 지극히 정상이다. 하지만 아이의 두려움이 반복되면 어른들은 고민한다. 때로는 아무리 자신감을 불어넣어도 아이에게 소용이 없고 좌절감은 더욱 깊어진다. 이럴 때는 문제 상황과 조금 거리를 두고 차분히 대처한다. 재빨리 두려움의 요소를 처리하기보다 늦더라도 두려움의 원인을 제대로 파악한다. 아이가 겁내기를 겁내지 않도록 해야 한다. 어떤 이유와 형태로든 삶에서 두려움은 존재하기 때문이다.

엄마가 아이와 두려움과 그 원인을 어떻게 없앨지, 없애기 어려운 부분은 어떤 마음으로 겪어낼지 진지하게 이야기를 나눈다. 아이는 자연스럽게 스스로 두려움 다루는 법을 배워나갈 것이다.

걱정거리를
이야기해보자

가르만과 할머니들과 아버지, 엄마의 걱정거리를 떠올려보고, 가르만처럼 걱정한 적이 있는지 생각해본다. 엄마가 자신의 걱정을 먼저 이야기하며 아이가 마음의 문을 열게 한다.

꼭꼭 숨은 걱정과
친구하기

마음속에 숨겨놓은 걱정이나 두려움의 참모습을 생각해본다.

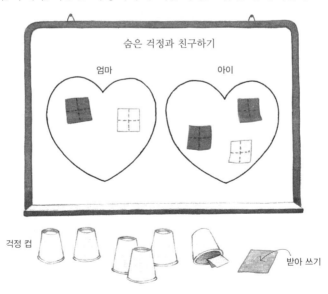

준비물

종이컵 여러 개, 메모지, 연필

놀이법

① 화이트보드에 커다란 하트를 2개 그린다. 하트 아래 엄마와 아이의 이름을 적는다.

② 메모지에 생각나는 대로 걱정거리를 적은 다음 보이지 않게 2번 접는다. 메모지 하나에 한 가지 걱정을 적는다.

③ 종이컵을 엎어 놓고 걱정 메모지를 종이컵 안에 넣는다. 종이컵 한 개에 하나씩 넣는다.

④ 적당한 만큼 걱정 종이컵이 모였으면 가위바위보로 순서를 정하고 자신의 걱정 컵을 찾는다. 컵을 열어 걱정을 확인하고 자신의 걱정이면 자신의 하트에, 상대방의 걱정이면 상대방의 하트에 붙인다.

⑤ 하트 안에 걱정 메모지를 모두 붙였으면 걱정을 골라 함께 이야기를 나눈다. 어떤 느낌인지, 일이 어떻게 되기 바라는지, 어떤 마음을 가지고 노력할지 이야기한다. 걱정의 긍정적인 면을 서로 일깨워주고 대상을 바라보는 관점을 입체적으로 바꿔본다.

　예) 나의 걱정 – 받아쓰기 공부

　　　느낌 : 공부해도 자꾸 틀려 짜증 난다.

　　　바람 : 조금만 공부해도 백점 맞으면 좋겠다.

　　　마음 : 놀고 싶을까? 백점 맞고 싶을까?

걱정거리
콜라주

아이의 걱정거리를 도화지에 콜라주로 표현한다.

준비물

도화지, 잡지, 가위, 풀, 사인펜, 크레파스, 색연필

놀이법

① 걱정거리를 떠올려보고 잡지에서 관련 사진을 고른다.

② 사진을 오려 각각 다른 것들을 이어붙이며 콜라주로 꾸민다. 마음을 짓누르던 걱정거리가 우스꽝스럽거나 재미있는 일로 바뀔 수 있다. 잘 해결된 장면을 꾸밀 수도 있다.

③ 제목을 붙여 전시하고 감상을 나눈다.

걱정 한 짐 지고
다니기

걱정을 여러 개 지고 다니다가 하나씩 버리고 돌아오는 활동이다.

준비물

빈 음료수 병, 물, 배낭(비닐봉지), 자전거

놀이법

① 빈 음료수 병에 물을 채워 마개를 닫고, 겉에 걱정 제목을 써서 붙인다. 이러한 걱정 병을 여러 개 만든다.

② 걱정 병을 배낭에 넣어 등짐으로 지거나 비닐봉지에 넣어 손에 든다.

③ 코스를 정하고 자전거를 타거나 걸어서 출발한다.

④ 중간중간 힘들어질 때마다 걱정 병의 물을 쏟아버린다. 제목도 뜯어 찢는다. 마음가짐을 긍정적으로 가지면서 코스를 다녀온다. 돌아올 때까지 짐을 모두 가볍게 만든다.

⑤ 집으로 돌아와 빈 병과 찢은 제목 쓰레기를 분리수거 함에 버린다.

쓰기 · 자유롭게 쓰며
마음 풀기

속상했던 일이나 걱정되는 일을 생각나는 대로 쓰며 마음을 다독여본다. 글의 결과물에 신경쓰기보다 글을 쓰면서 마음을 표현하는 데 집중한다. 글감을 정한 뒤 쓰고 싶은 말을 자유롭게 써 내려간다. 다 쓴 후에는 글을 쓰면서 마음이 어떻게 변했는지 이야기해본다.

진정한 용기와 신뢰를 배우다

국어 2학년 1학기 6. 의견이 있어요
국어 2학년 1학기 7. 따뜻한 눈길로

티에리 드되 글 · 그림 | 염미희 옮김 | 길벗어린이

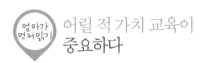

엄마가 먼저읽기 어릴 적 가치 교육이 중요하다

　가치는 사람의 마음에서 변하지 않고 계속되는 어떤 경향이다. 무엇이 중요한지 판단하는 기준이 되고, 어떤 행동을 할지 선택하게 한다. 가치는 한 번 마음속에 자리 잡으면 쉽게 변하지 않기 때문에 어린 시절 올바른 가치 교육을 받는 것이 중요하다. 보다 만족스러운 삶을 살기 위해, 또 사회 구성원으로서 함께 추구하는 선에 기여하기 위해 우리는 가치를 배워야 한다. 문학과 그림책, 논픽션 이야기를 통해 그 안에 풍성하게 담긴 올바르고 소중한 가치들을 발견해보자.

아프리카의 한 부족은 여러 가지 시험을 통해 전사가 될 소년들을 가린다. 야쿠바는 전사가 되고 싶었다. 그래서 용기를 보여주기 위해 혼자 사자와 맞서야 했다. 야쿠바는 뜨거운 햇빛 아래 걷고 또 걸어 마침내, 사자를 만난다. 용감하게 덤벼들어 싸우려는데 사자는 피를 흘리고 있었고, 몹시 지친 상태였다. 야쿠바는 사자를 손쉽게 해치울 수 있었다. 하지만 사자는 야쿠바에게 선택할 것을 요구했다. 지친 사자를 죽이고 뛰어난 남자로 인정받든지, 목숨을 살려주고 따돌림을 당해도 고귀한 마음을 가진 어른이 되든지 둘 중 하나를 선택하라고 말이다.

날이 밝았을 때, 야쿠바는 지친 사자를 두고 마을로 향했다. 마을 사람들은 빈손으로 돌아온 야쿠바를 싸늘하게 대했다. 친구들은 모두 전사가 되었지만 야쿠바는 가축우리 지기가 되었다. 하지만 그때부터 마을의 가축을 습격하던 사자의 발길이 끊겼다.

시간이 흘러 사자는 무리를 이끄는 우두머리가 된다. 가뭄이 오래 계속되어 사냥감을 구하지 못하자 결국 마을로 향한다. 모든 사자들이 뒤를 따른다. 마을의 가축우리에는 물소가 있다. 그런데 울타리를 지키는 남자가 있다. 사자는 그를 바로 알아보았다. 청년 야쿠바다.

사자는 무리를 위해, 야쿠바는 마을을 위해 서로 맞서야 했다. 둘은 밤새 싸웠지만, 서로를 살리기 위하여 거짓으로 싸웠다. 무리의 사자들은 야쿠바가 사자를 대항하여 밤새 버티는 것을 보고 하나둘 도망쳤다.

야쿠바와 사자는 힘을 모조리 쓸 때까지 싸우다 지쳤다. 둘은 서로를 깊이 존경하는 마음으로 하나가 되었다. 사람들의 소리가 들려와 사자는 자리를 떠났다. 마을로 돌아간 야쿠바는 굶주려 있을 사자를 위해 물소를 준비한다. 얼마 후, 사자는 은신처 가까이에서 야쿠바가 준 물소 반마리를 발견한다. 하지만 사자는 야쿠바에게 짐이 되지 않기로 하며 떠날 결심을 한다.

『야쿠바와 사자 1, 2(용기, 신뢰)』는 검은 물감만으로 그린 두 권의 그림책이다. 붓 터치가 그대로 느껴지는 간결하고 힘찬 그림과 진지한 글로 용기와 신뢰의 가치를 전달한다.

이야기 속 야쿠바와 사자는 각각 선택의 갈림길에 선다. 야쿠바는 지친 사자를 살려줌으로써 부족사회에 보여줄 용기가 아닌 진정한 용기를 선택했다. 사자는 울타리를 지키는 남자를 살려줌으로써 신뢰를 지켜냈다. 둘 다 스스로 지켜낸 가치에 대한 사회적 책임까지 묵묵히 받아들였다.

저학년 아이들은 등장인물의 입장이 되어 경험과 느낌을 간접적으로 체험하는 것만으로도 용기와 신뢰라는 가치를 마음에 심을 수 있다. 지속적으로 이야기나 일화를 통해 고귀한 가치를 지켜낸 이들과 감정적 유대 관계를 맺도록 한다. 아이들은 가치의 모델링을 통해 보편적 가치를 받아들이며 한 걸음씩 도덕성을 발전시킬 수 있다.

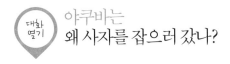

야쿠바는
왜 사자를 잡으러 갔나?

"야쿠바는 왜 사자를 잡으러 갔을까?"

엄마가 아이에게 이 물음을 던지고 자신이 이해한 대로 이야기해보게 한다. 야쿠바가 사자를 잡아야 하는 이유에 대해 이해할 수 있도록 도와준다. 한 번 활동을 할 때 책 한 권만 다루어 내용을 충실하게 살펴보게 한다.

내가 만약 야쿠바라면

만약 자신이 야쿠바와 사자라면 어떻게 할지 생각해본다.

준비물

화이트보드, 보드마카, 색종이, 가위, 막대기

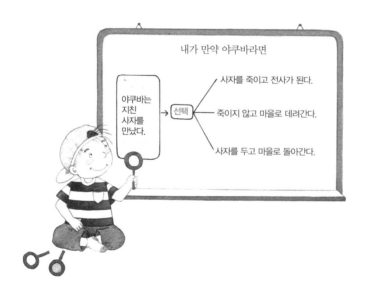

놀이법

① 빨강, 초록, 노랑 색종이를 동그라미 모양으로 오리고 막대기를 붙여, 손잡이 신호등을 만든다.

② 화이트보드에 '야쿠바는 지친 사자를 만났다' 라고 쓰고 선택할 수 있는 행동을 생각하여 적는다.

　　예) 사자를 죽이고 전사가 된다.

　　　　사자를 죽이지 않고 마을로 데려간다.

　　　　사자를 두고 마을로 돌아간다.

③ 각각의 선택에 따른 결과를 생각하여, 빨강(금지), 초록(해도 좋음), 노랑 (중간) 신호등을 들고 이유를 말해본다.

　　예) 사자를 죽이고 전사가 된다−빨강 : "진짜로 싸운 게 아니라서 스스로 비겁하다는 느낌이 든다, 사자가 불쌍하다."

④ 자신이라면 어떤 선택을 할지 하나를 고르고 그 이유를 말한다.

⑤ '굶주린 사자가 무리와 함께 야쿠바를 다시 만났다', '사자가 물소 반 마리를 발견했다' 등으로 더 생각해본다. 생활 속에서 적용할 수 있는 상황을 찾아서 생각해본다.

　　예) 슈퍼마켓에서 거스름돈을 더 받았다.

신뢰 쌓기
놀이 1

부모와 아이가 서로를 믿는 마음으로 자신을 맡기는 넘어지기 놀이를 한다. 바닥에 이불이나 매트를 깔아 안전하게 준비한다.

준비물

이불(매트)

놀이법

① 엄마, 아빠가 마주 보고 양손을 잡고 아이가 그 앞에 선다.

② 아이가 몸을 구부리지 않고 그대로 뒤로 넘어지면 엄마와 아빠가 받아준다.

③ 아이가 넘어지면서 불안한 마음이 들겠지만 엄마와 아빠를 믿는 마음으로 넘어질 수 있도록 격려한다.

신뢰 쌓기
놀이 2

눈이 안 보이는 상태에서 인도하는 사람의 말을 들으며 목표 지점까지 가보는 놀이이다. 놀이터나 공원, 학교 운동장 등 자동차나 행인들로부터 자유롭고 안전한 장소를 선택한다.

준비물

안대(수건)

놀이법

① 목표 지점을 정한다.

② 아이는 눈을 가리고 엄마가 설명하는 대로만 움직여 목표 지점까지 간다. 엄마의 말을 믿고 몸을 움직여야 하므로 불안함을 이겨내야 한다.

③ 목소리만으로 놀이하기 어려울 경우에는 손잡기, 끈 잡기, 목소리만 듣고 가기 등을 순서대로 시도한다.

④ 목표 지점까지 도달하면 가리개를 풀고 오던 길을 되짚어보며 감상을 나눈다.

쓰기 사자가 떠나며
남기는 편지

아이가 자신을 사자라고 생각하고 야쿠바에 대한 마음을 편지로 써본다. 야쿠바를 처음 봤을 때, 사자를 살려줬을 때, 싸울 때, 물소 반 마리를 발견했을 때 느낌을 생각하며 글을 쓴다. 왜 사자가 떠났는지 그 이유도 쓴다.

5부

책을 만나자

어떻게 책을 고를까?
초등학교 1, 2학년 독서 활동에
활용하기 좋은 책

어떻게
책을 고를까?

어떤 책이 좋은 책일까?

아이가 가만히 앉아 책을 읽으면 아이를 지켜보는 어른은 기분이 참 좋다. 아이가 유익한 시간을 보낸다고 생각하기 때문이다. 그런데 막상 무슨 책인지 궁금해 가까이 들여다보면 가끔 유익하지 않는 책을 읽고 있을 때가 있다. 읽기에 푹 빠져 있는 녀석의 손에서 책을 잡아채야 하나 고민이 되기도 한다.

지금 우리 앞에는 아이에게 읽혀도 좋을지 알쏭달쏭한 책들, 어린이를 독자로 삼지만 유익할지 의문이 드는 책들이 좋은 어린이 책들과 뒤섞여 있다. 아이들은 신기하게도 흥미만 자극하는 책을 잘도 고른다. 상업적인 목적을 우선으로 출판하는 어른들의 잘못이 크다. 그렇다고 탓만 하고 있을 수는 없어 우리는 좋은 책을 선별하러 나선다. 하지만 막상 서점이나 도서관에 나가보면 고르기가 또 만만치 않다. 특히 대형 서점에는 유아, 저학년, 고학년, 문학, 스테디셀러, 신간, 학습서, 만화류 등으로 다양한 책들이 보기 쉽게 진열되어 있지만 무슨 기준으로 골라놓았는지 의아할 때가 많다.

권장 도서 목록을 참고한다

공공 도서관이나 학교, 서점, 출판사 또는 어린이 도서 관련 단체에서 어린이 권장 도서 목록을 받으면 우리는 한층 안심이 된다. 아이들의 연령과 책의 분야도 구분되어 있어 길을 헤매다 지도를 찾은 기분이 든다. 학교나 도서관 등의 권장 도서 목록은 교과서에 실린 작품이나 아동문학의 주요 작가와 출판사의 대표 도서를 알려준다. 특히 어린이 책을 처음 접할 때 어느 정도 길잡이 역할을 해준다.

그러나 권장 도서 목록을 참고하더라도 유의할 점이 있다. 권장 도서 목록의 책이라도 반드시 부모가 먼저 읽어보고 아이에게 권하도록 하자. 연령별 도서 목록에는 아이들의 개인차가 전혀 고려되지 않았다. 우리 아이의 독서 수준과 관심에 적합한지 여부는 가까이서 아이의 독서 발달 과정을 지켜보는 부모만이 판단할 수 있는 일이다.

또 글자 분량과 그림 때문에 낮은 연령에 추천되었지만, 내용이 어려운 책들도 간혹 있다. 그러면 큰 아이들은 어린 연령에 맞는 책이라 생각해 읽지 않고, 작은 아이들은 이해를 하지 못해 읽지 않는다. 어떤 아이들은 어려운 책을 읽게 되면 스스로 읽기 수준이 부족하다고 여겨 책에 흥미를 잃을 수도 있다. 좋은 책이 이런저런 이유로 오히려 독자를 만나지 못하는 경우가 종종 있다.

부모 입장에서는 아이의 독서 발달 수준을 중요시 여긴 나머지, 권장 목록의 도서만큼은 모두 읽어야 한다고 생각하기도 한다. 아이가 잘할수록 더 높은 연령대의 도서를 읽히고 싶은 욕심이 생길뿐더러, 낮은 연령대의 도서는 수준이 낮다고 여겨 읽히고 싶지 않다. 하지만 절대로 연령별 추천 도서 목록으로 아이의 수준을 판단해서는 안 된다.

아이의 흥미와 관심, 발달 속도를 존중하자. 어려운 책을 빨리 읽히려고 노력할 필요는 없다. 단순한 내용을 읽더라도 자신만의 풍부한 의미를 만들어낼 수 있느냐가 중요하다. 아이가 내용이 길고 두꺼운 책을 읽는다고 해서 독서 능력이 더 낫다고 단정할 수 없다.

또 선정 과정에서 아이들의 독서 수준, 반응, 의견을 고려하지 않은 추천 목록도 의외로 많다. 권장 도서 목록을 참고할 때 가능하다면 어떤 입장과 기준으로 골랐는지 확인해보도록 한다. 권장 도서 목록은 참고 자료로 이용할 뿐, 전적으로 의지하지 않도록 한다.

책을 고르는 안목 기르기

좋은 어린이 책을 꼼꼼히 읽다 보면 조금씩 안목이 생긴다. 공들여 만든 책은 누가 봐도 수고와 정성이 느껴진다. 글과 그림이 서로 어울리지 않거나 조잡한 편집, 유행만을 따른 기획, 어린이의 정서를 해치고 말초적 흥미와 관심을 사로잡으려는 의도로 만들어진 책들과는 구분된다.

좋은 책의 글은 간결하고 단순하여 아이들이 이해하기 쉽다. 우리말의 아름다움을 느낄 수 있으며, 문장의 호흡이 적당하여 소리 내어 읽기 쉽고 듣기에도 좋다. 주제에 따라 저마다 분위기가 다르지만, 어린이의 어휘 발달과 감수성이 고려되어 있다.

좋은 책의 그림은 글과 잘 어우러지며 아름답다. 그 자체로 풍부한 이야기를 담고 있다. 각 장면의 예술성이 뛰어날 뿐 아니라 전체 흐름에도 리듬감이 살아 있다. 눈에 띄는 특이한 표현 기법이나 화려한 이미지보다 소박하더라도 볼 때마다 새록새록 의미가 살아나는 그림이다.

안정감 있는 편집 디자인은 책의 내용에 몰입할 수 있도록 돕는다. 책의 글감과 기획 의도, 주제에 따라 각각 분위기는 다르지만 오래 봐도 피곤하거나 질리지 않게 한다.

좋은 책의 기획은 유행을 따르기보다 선도한다. 비슷한 기획에서 출발하더라도 다른 기획을 넘어서는 새로움과 특별함이 있다. 그리고 시의적절하여 읽는 이의 공감을 이끌어낸다.

어린이 책은 어린이를 대상으로 하지만 불량 식품처럼 어린이의 입맛에만 맞추어 만들어서는 곤란하다. 책에는 만든 사람의 철학이 담겨 있고, 읽는 사람은 그것을 자연히 받아들인다. 좋은 어린이 책은 좋은 메시지가 담겨 있고 삶을 가치 있고 풍성하게 채워준다. 이런 어린이 책을 골라 아이가 흠뻑 빠져들게 하자.

아이와 책 고르기

독서 활동을 통해 아이와 느낌을 나누면 관심 분야와 좋아하는 책의 분위기를 알 수 있다. 책을 고를 때는 아이의 관심 분야부터 시작하고 조금씩 흥미를 연결시켜 선택의 폭을 넓혀간다. 예를 들어 강아지를 좋아한다면 강아지가 나오는 책들을 하나하나 읽어가며 책마다 서로 다른 재미를 찾아본다. 개의 종류가 나오는 도감 종류나 과학책부터 강아지가 주인공인 이야기 그림책, 전래동화까지 꼬리에 꼬리를 물고 읽다 보면 다양한 독서 경험을 쌓을 수 있다.

아이가 즐겁게 읽은 작품의 작가 이름을 기억했다가 또 다른 작품을 찾아 읽도록 돕는다. 작가가 어떤 작품을 주로 만들었는지 알아보고, 비슷한 분위기의 다른 작품도 읽어본다.

마음에 드는 책을 출판사를 따라 고를 수도 있다. 우리 옛이야기를 내는 출판사, 자연 생태에 대한 책을 내는 출판사, 외국의 좋은 작품을 내는 출판사 등 출판사들도 각각 출판 경향이 다르다. 아이와 함께 도서관이나 서점에서 그 출판사의 여러 가지 책을 둘러보고 읽고 싶은 책을 고른다.

좋은 책을 고르는 일도 독서의 큰 즐거움이다. 어린이 책이 자세히 소개된 인터넷 서점이나 어린이 잡지 등을 통해 미리 제목과 지은이, 출판사를 알아본 후, 서점이나 도서관의 서가를 아이와 함께 다니며 좋은 책을 찾아보자. 비슷한 분류를 살피다 보면 서가에 숨어 있던 보물 같은 책을 발견할 수 있다.

독서 활동에 활용하기 좋은 책

 문학

동시
- 『넉 점 반』 윤석중 글 | 이영경 그림 | 창비
- 『나무는 즐거워』 이기철 글 | 남주현 그림 | 비룡소
- 『나만 알래』 권정생 글 | 김동수 그림 | 문학동네

옛이야기
- 『하멜른의 피리 부는 사나이』 로버트 홀든 각색 | 드라호스 자크 그림 | 이은석 옮김 | 문학동네어린이
- 『까막나라에서 온 삽사리』 정승각 글 · 그림 | 초방책방
- 『구렁덩덩 신선비』 김중철 엮음 | 유승하 그림 | 웅진주니어
- 『단물 고개』 소중애 글 | 오정택 그림 | 비룡소

우리나라 창작 동화
- 『학교에 간 개돌이』 김옥 글 | 김유대, 최재은, 권문희 그림 | 창비
- 『나야, 뭉치 도깨비야』 서화숙 글 | 이형진 그림 | 웅진주니어
- 『나는 책이야』 김향이 글 | 김유대 그림 | 푸른숲주니어
- 『들키고 싶은 비밀』 황선미 글 | 김유대 그림 | 창비
- 『슬픈 종소리』 송언 글 | 한지예 그림 | 사계절
- 『일기 도서관』 박효미 글 | 김유대 그림 | 사계절

다른 나라 창작 동화
- 『요술 손가락』 로알드 달 글 | 퀜틴 블레이크 그림 | 김난령 옮김 | 열린어린이
- 『학교에 간 사자』 필리파 피어스 글 | 햇살과나무꾼 옮김 | 논장
- 『신기한 인터넷』 수지 모건스턴 글 | 김령언 그림 | 김주열 옮김 | 사계절
- 『말해 버릴까?』 히비시게키 글 | 김유대 그림 | 양광숙 옮김 | 보림

우리나라 그림책
- 『개구리네 한솥밥』 백석 글 | 오치근 그림 | 소년한길

- 『아파트 꽃밭』 이상권 글 | 황성혜 그림 | 보림
- 『검은 새』 이수지 글·그림 | 길벗어린이
- 『야구공』 김정선 글·그림 | 비룡소
- 『로켓보이』 조아라 글·그림 | 한솔수북

다른 나라 그림책
- 『터널』 앤서니 브라운 글·그림 | 장미란 옮김 | 논장
- 『임금님과 수다쟁이 달걀 부침』 데라무라 데루오 글 | 조 신타 그림 | 유문조 옮김 | 천둥거인
- 『파란 막대 파란 상자』 이보나 흐미엘레프스카 글·그림 | 이지원 옮김 | 사계절
- 『크릭터』 토미 웅게러 글 | 장미란 옮김 | 시공주니어
- 『세상에서 가장 큰 집』 레오 리오니·그림 | 이명희 옮김 | 마루벌

비문학

과학
- 『생명이 숨쉬는 알』 다이애나 애스턴 글 | 실비아 롱 그림 | 최재천 옮김 | 웅진주니어
- 『선인장 호텔』 브렌다 기버슨 글 | 미간 로이드 그림 | 이명희 옮김 | 마루벌
- 『서로 도우며 살아요』 채인선 글 | 장호 그림 | 한울림어린이
- 『신기한 스쿨버스 : 물방울이 되어 정수장에 간히다』
  조애너 콜 글 | 브루스 디건 그림 | 이연수 옮김 | 비룡소

수학
- 『놀이수학』 미쯔마사 안노 글·그림 | 한림출판사
- 『헛 신데렐라는 시계를 못 본대』 고자현 글 | 김명곤 그림 | 동아사이언스
- 『신기한 열매』 안노 미쓰마사 글·그림 | 박정선 옮김 | 비룡소
- 『수학마녀의 백점 수학』 서지원 글 | 아리 그림 | 처음주니어
- 『즐거운 이사 놀이』 안노 미쓰마사 글·그림 | 박정선 옮김 | 비룡소

환경
- 『이건 꿈일 뿐이야』 크리스 반 알스버그 글 | 손영미 옮김 | 베틀북
- 『투발루에게 수영을 가르칠 걸 그랬어!』 유다정 글 | 박재현 그림 | 미래아이
- 『우리 모두의 지구 물과 숲과 공기』 몰리 뱅 글·그림 | 최순희 옮김 | 마루벌
- 『수달이 오던 날』 김용안 글 | 한병호 그림 | 시공주니어

예술
- 『피카소 : 20세기가 낳은 천재 화가』
  실비 지라르데, 클레르 메를로 퐁티, 네스토르 살라 글 | 최윤정 옮김 | 길벗어린이
- 『아이를 닮으려는 화가 이중섭』 오광수 글 | 나무숲
- 『아재랑 공재랑 동네 한 바퀴』 조은수 글 | 문승연 꾸밈 | 길벗어린이

역사 · 인물
- 『도산서원』 라현선 글 | 제소라 그림 | 초방책방
- 『아인슈타인 : 알베르트는 좀 이상해!』 돈 브라운 글 · 그림 | 윤소영 옮김 | 열린어린이
- 『대륙에 떨친 고구려의 기상 : 광개토태왕 이야기』 김용만 글 | 장선환 그림 | 마루벌
- 『돌로 지은 집 석굴암』 김미혜 글 | 최미란 그림 | 웅진주니어

사회 · 문화
- 『돌잔치』 김명희 글 | 김복태 그림 | 보림
- 『솔이의 추석 이야기』 이억배 글 · 그림 | 길벗어린이
- 『짚』 백남원 글 · 그림 | 사계절
- 『그림 옷을 입은 집』 조은수 글 | 유문조 그림 | 사계절
- 『동갑인데 왜 세배를 해』 안미연 글 | 박정인 그림 | 웅진주니어

▌ 주제별 책 읽기

즐거운 학교
- 『우리 선생님이 최고야!』 케빈 헹크스 글 · 그림 | 이경혜 옮김 | 비룡소
- 『마법사 똥맨』 송언 글 | 김유대 그림 | 창비
- 『틀려도 괜찮아』 마키타 신지 글 | 하세가와 토모코 그림 | 유문조 옮김 | 토토북

가족이야기
- 『아빠는 슈퍼맨 나는 슈퍼보이』 정란희 글 | 윤지회 그림 | 시공주니어
- 『화해하기 보고서』 심윤경 글 | 윤정주 그림 | 사계절
- 『우리 가족입니다』 이혜란 글 | 보림
- 『부루퉁한 스핑키』 윌리엄 스타이그 글 · 그림 | 조은수 옮김 | 비룡소

따뜻한 마음
- 『페페 가로등을 켜는 아이』 일라이자 바톤 글 | 테드 르윈 그림 | 서남희 옮김 | 열린어린이
- 『이름 짓기 좋아하는 할머니』 신시아 라일런트 글 | 캐드린 브라운 그림 | 신형건 옮김 | 보물창고

- 『노란 양동이』모리야마 미야코 글 I 쓰치다 요시하루 그림 I 양선하 옮김 I 현암사
- 『마법의 케이크』디디에 레비 글 I 티지아나 로마냉 그림 I 홍경기 옮김 I 비룡소

소중한 나
- 『슬픈 란돌린』카트린 마이어 글 I 아네테 블라이 그림 I 허수경 옮김 I 문학동네어린이
- 『엄마 친구 아들』노경실 글 I 김종석 그림 I 어린이작가정신
- 『완벽한 사람은 없어』엘런 플래너건 번스 글 I 에리카 펠턴 빌네이브 그림 I 이서용 옮김 I 개암나무
- 『내 몸은 나의 것』린다 월부어드 지라드 글 I 로드니 페이트 그림 I 권수현 옮김 I 문학동네

친구가 좋아요
- 『개구리와 두꺼비는 친구』아놀드 로벨 글·그림 I 엄혜숙 옮김 I 비룡소
- 『화요일의 두꺼비』러셀 에릭슨 글 I 김종도 그림 I 사계절
- 『생쥐와 고래』윌리엄 스타이그 글·그림 I 이상경 옮김 I 다산기획
- 『오리와 부엉이』한나 요한젠 글 I 케티 벤트 그림 I 임정희 옮김 I 꿈터

장애를 받아들여요
- 『우리는 손으로 말해요』
  프란츠 요제프 후아이니크 글 I 베레나 발하우스 그림 I 김경연 옮김 I 주니어김영사
- 『내게는 소리를 듣지 못하는 여동생이 있습니다』
  진 화이트하우스 피터슨 글 I 데보라 코간 레이 그림 I 이상희 옮김 I 웅진주니어
- 『에디에게 잘 해주렴』버지니아 플레밍 글 I 플로이드 쿠퍼 그림 I 강연숙 옮김 I 느림보

달라서 잘 어울리는 우리
- 『마들렌카』피터 시스 글·그림 I 윤정희 옮김 I 베틀북
- 『피양랭면집 명옥이』원유순 글 I 최정인 그림 I 웅진주니어
- 『필리핀에서 온 조개개구리』고수산나 글 I 박영미 그림 I 주니어랜덤

두려움을 이겨내요
- 『그 아이를 만났어』모리야마 미야코 글 I 쓰치다 요시하루 그림 I 양선하 옮김 I 현암사
- 『겁쟁이 빌리』앤서니 브라운 글·그림 I 김경미 옮김 I 비룡소
- 『칠판 앞에 나가기 싫어!』다니엘 포세트 글 I 베로니크 보아리 그림 I 최윤정 옮김 I 비룡소

소중한 가치·인성 교육
- 『미안해라고 말해 봐』시빌레 리크호프 글 I 소피 쉬미트 그림 I 임정희 옮김 I 주니어김영사
- 『황소 아저씨』권정생 글 I 정승각 그림 I 길벗어린이
- 『살아 있는 모든 것은』브라이언 멜로니 글 I 로버트 잉펜 그림 I 이영희 옮김 I 마루벌
- 『알리키 인성 교육 3 - 대화』알리키 브란덴베르크 글·그림 I 정성심 옮김 I 미래아이

*목록은 참고용입니다. 아이의 흥미와 상황에 맞게 더 좋은 책들을 골라보기 바랍니다.